大村大次郎
元国税調査官

【増補改訂版】

消費税という巨大権益

日新聞、トヨタ、経団連、財務省の犯罪

ビジネス社

増補改訂版　まえがき　この国はもう終わった

「これから日本は少子高齢化社会を迎える。だから、消費税の増税は仕方ない」

多くの方は、そう思っているだろう。

しかし、**消費税は決して少子高齢化社会の対策などには使われていない。**

消費税の税収の大半は、特定の企業や特定の人々の利権として分捕《ぶんど》られてしまうのである。


「朝日新聞」

「経団連」

「財務省」


彼らは消費税に大きな権益を持っている。

特に「朝日新聞」は、日ごろは庶民の味方を演じながら、本質的に利権に弱い体質を持っており、それが消費税において如実《にょじつ》に表れている。朝日新聞は、消費税を増税することで間違いなく大きな利益を享受しているのである。

また経団連、財務省も同様である。

この三者は、一見、あまり関係がないように思えるかもしれない。しかし、この三者は「消費税利権」を通じて、巧妙なつながりを持っているのだ。

おそらく多くの人がにわかには信じがたいはずだ。

が、筆者は別に極秘資料を入手して、この事実をつかんだわけではない。

国などが公表しているデータを見れば、この三者が消費税で有形無形の大きな恩恵を受けていることは明らかなのである。

消費税が増税されれば、国民全体の負担が増えることになる。

ただでさえバブル崩壊以降、賃金が上がらず、消費は下がりっぱなしなのに、ここでさらに消費税を増税すれば、国民生活は大きな打撃を受ける。

つまりは、国民生活を犠牲にして、「朝日新聞」「経団連」「財務省」は大きな利益を得ているということだ。

この事実を知れば、ほとんどの人が怒りで震えるはずだ。

「この国はもう終わった」という文言が、決して大げさなものではないことが理解できるはずだ。

本書は2019年4月に出版された『消費税という巨大権益』を加筆修正したものである。2019年4月版の『消費税という巨大権益』は、2023年6月の国会・財政金融委員会で取り上げられ、財務省を追及する材料とされた。

本書ではその質疑の内容も書き起こし解説を加えている。消費税がいかに欠陥だらけで、財務省がいかにいい加減な組織かということをつまびらかにしていきたい。

著者

本書は2019年4月1日に小社より刊行された『消費税という巨大権益』に大幅な加筆修正を加えた増補改訂版です。

もくじ

第2章 朝日新聞が消費税推進派になった「とんでもない理由」

第3章 経団連の大罪

第4章 消費税で大儲けしたトヨタ

第5章 やはり元凶は財務省

第6章 財源はいくらでもある

第7章　財務省の苦しい言い訳

第1章

「消費税は公平な税金」という大ウソ

消費税を増税したがる人々

2018年の10月、安倍晋三首相（当時）は、2019年からの消費税の増税をついに表明した。

これに対して、マスメディアはほとんど反対しなかった。国のやることには文句ばかり言っている朝日新聞でさえ、社説で「消費税増税やむなし」と書いている。

世間の人も半ば「仕方ない」と思っている人が多いように見受けられる。

消費税というのは、財務省や財界、大手新聞社などの「消費税を導入したい人々」によって、これまでけたたましい喧伝《けんでん》をされてきた。

「消費税は国民全体で負担するから公平」

「日本は間接税の割合が低すぎるから増税するならば消費税」

という具合に、である。

だから、**消費税は公平でいい税金だと思い込んでいる**人たちはたくさんいる。

しかし「消費税を導入したい人々」の喧伝というのは、自分たちの都合のいい情報だけをかき集めたものである。ちゃんと多角的に分析すれば、消費税ほど不公平で欠陥だらけの税金はないのだ。

しかも、それは政府が公表しているごくごく一般的な経済指標を見れば、誰だって確認できるものである。

日本国民の「消費」は、バブル崩壊以降ずっと下がり続けてきた。総務省の「家計調査」によると2002年には一世帯あたりの家計消費は320万円をこえていたが、現在は290万円ちょっとしかない。先進国で家計消費が減っている国というのは、日本くらいしかないのである。これでは景気が低迷するのは当たり前である。

この細っていくばかりの**「国民の消費」**に税金をかければどうなるか？

国民の生活はますます苦しくなり、景気は低迷する。

1世帯あたりの平均所得金額の年次推移　**（単位:万円）**

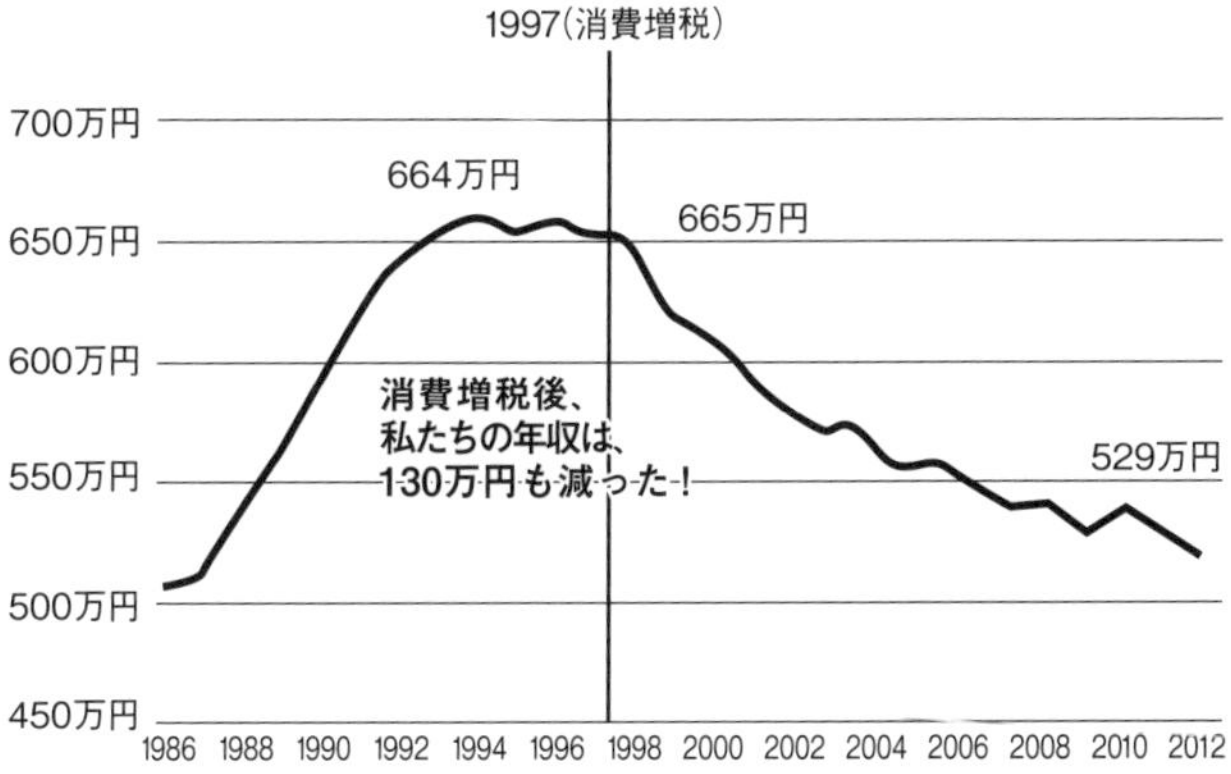

＊1997年は、消費税の年次である。
出典：藤井聡著『「10%消費税」が日本経済を破壊する』

これは、誰がどうみたって判断のつくものである。反論がある御用学者の方は、ぜひちゃんとしたデータを用いて反論していただきたいものである。

その一方で、日本企業はバブル崩壊以降に内部留保金を倍増させ、484兆円（2021年度末）にも達している。内部留保金というのは、企業が利益から税金と配当を払った後の残額であり、いわば企業の貯蓄である。それが、この十数年で倍増しているのである。

また近年、日本は億万長者の数が激増し、彼らの資産の額もめちゃくちゃに膨張している。2020年の世界的金融グループのクレディ・スイスの発表によると、日本で100万ドル以上の資産を持っている人は366万2000人だった。そして、日本では現在2000兆円以上の個人金融資産があるが、その大半は一部の富裕層が握っているのだ。

この現状を見たとき、誰に税金を課すべきかは、一目瞭然《いちもくりょうぜん》であろう。

細っているばかりの国民全体の消費に税金をかけるべきか、世界でも稀《まれ》に見るほど資産を膨張させている企業や富裕層に税金をかけるべきか。小学生程度の算数の知識があれば、絶対に間違わないはずだ。

財界、マスコミは消費税で得をする

なぜ国やマスコミや財界は消費税を推奨するのか？

彼らにとって、消費税は非常に都合のいい税金だからである。特に**朝日新聞にとっては、「渡りに船」というほどの恩恵のある税金なのである**。が、マスコミにとっていい税金であっても、国民にとっていい税金だとは限らない。

日本人というのは、根の部分で国の指導者を信じ切っているところがある。国の指導者の悪口を言ったり、叩いたりすることは大好きだけれども、根本の部分で、

「まあ、少しくらい悪いことをしても、基本的にはちゃんと国のことをやってくれているだろう」

というふうに思っている。

しかし、財政、税制に関する限り、そういうことは絶対にありえない。

財務省、財界、マスコミたちは、自分たちの目先の利益のことしか考えていない。そして二世議員、タレント議員ばかりの政治家が、専門性を要する税金のことについて適切な対応ができるわけはない。

つまり国の指導層の中で、国の将来のことや社会全体のことを考えて、税制、財政を制度設計している人など誰もいないのだ。

それは、今の日本の現実を見れば、明らかである。

少子高齢化は50年前からわかっていたことだ。

が、何十年もの間、誰も適切な手を打っていない。国の行く末を揺るがすような大問題が半世紀以上も放置されてきたのだ。

待機児童問題は20年前から国民の大問題だったことだ。待機児童問題など、財政的には3000億円程度もあれば解決できる問題なのである。その程度のお金は、どこかの公共事業を少し削れば簡単にねん出できたはずなのだ。

しかし、20年間、国はたったそれだけのことさえできなかったのだ。

今の日本の指導者たちが、いかに無責任で無能であるかということを、しっかり肝に銘じていただきたい。

そして、**国の指導層たちの無責任の最たるものが「消費税」**なのである。

税金の専門家は右も左も消費税に反対している

消費税は欠陥だらけの税金である。

それは、税金学者の多くが消費税に反対していることからも、容易に判断がつくはずだ。税金を専門としている学者で、消費税に賛成しているのは**「御用学者」**だけである。それ以外の学者は、自分の政治信条にかかわらず、右も左もみな消費税に反対している。

消費税というのは、ごく一部の者たちにとっては非常に**「美味しい税金」**なのだが、割以上の国民にとっては、生活を苦しめ、将来をおびやかす最悪の税金なのである。

ごく一部の者というのは、大新聞社を含む大企業たち、財務省の幹部たち、それと超富裕層の者たちである。彼らにとっては、消費税は**「巨大利権」**ともいえるものなのである。

なぜ消費税が巨大利権になるのか、一般の人にとってはピンとこないものと思われる。

本書は、消費税で美味しい思いをしている者たちの実体、いかにして消費税が巨大利権になっているのかの仕組みを解き明かすという使命を負っている。

が、その前に、消費税の基本的な性質について、説明しておきたい。

マスコミや財務省が必死に喧伝してきたため、消費税の性質はかなり歪《ゆが》められて世間に浸透しているからである。

マスコミや財務省は、

「社会保障のために財政赤字が積みあがった」

「ヨーロッパ諸国は日本よりはるかに高い消費税を払っている」

「社会保障の増大のために増税は不可欠」

という喧伝をしてきた。が、これらの文言は、真っ赤なウソである。

それは、データを見れば一目瞭然《いちもくりょうぜん》なのである。これから本書で提示するデータを見れば、誰だってそう思うはずだ。むしろ、マスコミや財務省はこれほど見え透いたウソをよくこれまでついてきたものだとさえ思う。

消費税を推奨してきた御用学者諸君も、ここに出されたデータを前にしてもなお消費税を推奨できるのか、お考えを聞かせていただきたいものである。

「社会保障のため消費税は不可欠」というウソ

消費税というのは、まずその存在意義そのものについて、大きな疑問というか、ウソがある。消費税が創設されるとき、財務省は「少子高齢化のために、社会保障費が増大する。そのため、消費税が不可欠」と喧伝してきた。

でも、実際消費税は、社会保障費などにはほとんど使われていない。

では、何に使われたのかというと、大企業や高額所得者の減税の穴埋めに使われたのだ。

それは、消費税導入前と現在の各税目を比較すれば一目瞭然である。

これは別に私が特別な資料をつかんで発見した事実などではない。国が公表している、誰もが確認することのできるデータから、それが明確にわかるのだ。

消費税が導入されたのは１９８９年のことである。

その直後に法人税と所得税が下げられた。

また消費税が３％から５％に引き上げられたのは、１９９７年のことである。そして、その直後にも法人税と所得税はあいついで下げられた。

そして法人税の減税の対象となったのは大企業であり、また所得税の減税の対象となったのは、高額所得者だった。


所得税の税収は、1991年には26・7兆円以上あった。

しかし、2022年には22・5兆円になっている。

法人税は1989年には19兆円あった。しかし、2022年には14・9兆円になっている。


つまり、所得税と法人税の税収は、この30年の間に約10兆円も減っているのだ。経済規模は30%以上拡大しているのに、である。

一方、現在の消費税の税収は23兆円である。

つまり、消費税の税収の多くは、所得税と法人税の減税分の穴埋めで使われているのだ。

この現実は、誰でもすぐに確認できるものである。

このデータを前にしても、財務省や御用学者はまだ**「消費税は社会保障費のために必要だった」**といえるのか？

とくと聞いてみたいところだ。

彼らはおそらく、「法人税や高額所得者の税金は、他の先進国に比べて高かったので下げたのだ」と言い訳するだろう。「法人税や高額所得者の税金が他の先進国に比べて高い」というのもウソであり、それについては後ほど弁証するので、ここでは深く突っ込まない。よしんば、「法人税や高額所得者の税金は、他の先進国に比べて高かったので下げたのだ」という言葉が真実であったとしても、その埋め合わせに消費税が使われているのは、間違いないことである。「消費税は社会保障費のために必要だった」というのは確実にウソである。だから、彼らは消費税を創設するときに「法人税と高額所得者の所得税を下げるために、消費税が必要だ」と言わなければならないはずだった。

しかし、そんな理由では、国民は絶対に納得しないから、**「消費税は社会保障のために必要」**という詭弁《きべん》を用いたのである。

ここまで読まれただけでも、消費税がいかにイカサマな税金なのかが理解いただけたはずだ。が、これから述べることは、もっともっとひどいことである。

本書のまえがきに「この国はもう終わった」と記したが、それは決してオーバーな表現ではないことを、みなさんは知ることになると思う。

「社会保障費が財政を圧迫している」というウソ

現在の巨額の財政赤字について財務省は、

「高齢化社会を迎え、社会保障関連費が増大したために、赤字国債が増えた」などと喧伝してきた。大手新聞社をはじめとするマスコミも、これを大々的に吹聴してきた。が、これも**真っ赤なウソ**である。

それは国の財政データをちゃんと見ていけば、猿でもわかる話である。もう、本当にこの話ほどあきれるものはない。

日本の財政というのは、1990年代初頭までは非常に安定していたのだ。

1988年には、なんと財政赤字を減らすことに成功しているのだ。財政赤字を減らしたということは、収入（歳入）が支出（歳出）を上回ったということである。これは「プライマリーバランスの均衡」と言われており、先進国では最近はあまり見られないような財政の良好さなのである。この「プライマリーバランスの均衡」はしばらく続き、1990年代の初頭には、財政赤字は100兆円を切っていたのだ。

が、バブル崩壊以降の90年代中盤から財政赤字は急増し、2000年には350兆円を超え、2010年には650兆円を超え、**現在は1255兆円**を超えている。

このデータは、政府が発表しているものなので、誰もが確認することができる。

データを見れば、財政赤字はバブル崩壊以降に急増しているものであり、1991年からの10年間で600兆円も増えていることがわかる。この90年代に生じた財政赤字に利子がついたものに赤字国債の発行を加え、**現在の1255兆円の財政赤字**になっているのだ。

ところで赤字国債が急増した1990年代、社会保障関係費というのは、毎年15兆円前後しかなかったのである。当時の税収は50兆円前後だったので、15兆円程度の社会保障費はまったく問題なく賄《まかな》えていたのだ。

だから、90年代に積みあがった600兆円の財政赤字が、「社会保障関連費のため」であるはずは絶対にないのだ。


なぜ90年代で、財政赤字が増大したか？

その答えは、**公共事業**である。

1990年代、日本は経済再生のためと称して狂ったように公共事業を行った。その額、630兆円である。

一年あたり63兆円である。このバカ高い公共事業費630兆円がそのまま赤字財政となって今の日本の重石《おもし》となっているのだ。この公共事業の内容についても、筆者は強い憤りを持っているが、テーマがぼやけてしまうので本書では追及しない。

ただ、90年代に630兆円もの公共事業を行い、それが現在の財政赤字に直結していることだけは、認識していただきたい。

それにしても、このデータを見てどうやって「財政赤字の原因は社会保障費」などと言えるのか？

「財政赤字の原因は社会保障費」などとさんざん吹聴《ふいちょう》してきた財務省の官僚たち、大手新聞社には、ぜひこの問いに答えてもらいたい。

そして、読者のみなさんにも、ぜひ肝に銘じておいてもらいたい。財務省や大手マスコミというのは、これほど見え透いたウソを、これほど堂々とつくものなのだということを。

日本の金持ちの税金は欧米の半分以下

消費税が創設されたり、税率をあげたりするときに、財務省や財界が必ず言うセリフがある。

「日本の金持ちの税金は元が高いのだから、減税されてもいいはずだ」

しかし、これも真っ赤なウソなのである。

確かに日本の富裕層の税金の「名目上の税率」は、他の欧米諸国に比べると高くなっている。しかし、日本の富裕層の税金にはさまざまな抜け穴があって、名目税率は高いのだけれど、実質的な負担税率は驚くほど安くなっているのだ。

むしろ、日本の富裕層は先進国でもっとも税金を払っていないといえるのだ。

わかりやすい例を示したい。


主要国の個人所得税の実質負担率（対国民所得比） 世界統計白書2012年版より

日本	**7・2％**
アメリカ	**12・2％**
イギリス	**13・5％**
ドイツ	**12・6％**
フランス	**10・2％**

これは、先進主要国の国民所得に対する個人所得税負担率を示したものである。

つまり国民全体の所得のうち、所得課税されているのは何％かを示したものだ。国民全体の所得税の負担率を示しているといえる。

実は日本はこれがわずか7・2％なのだ。

主要国の中では断トツに低い。

アメリカ、イギリス、ドイツ、フランスはどこもGDP比で10％以上の負担率がある。イギリスに至っては13・5％で、日本の約2倍である。

個人所得税というのは、先進国ではその大半を「高額所得者が負担しているもの」である。国民全体の所得税負担率が低いとは、すなわち**「高額所得者の負担率が低い」**ということを表しているのだ。

これはつまり、日本の富裕層は、先進国の富裕層に比べて断トツで税負担率が低いということなのだ。

日本の富裕層は、名目の税率は高くなっているけれど、実際に負担している額は非常に低くなっているのだ。

なぜ日本の金持ちの実際の税負担率が低いかというと、日本の税制では富裕層に関してさまざまな抜け穴があるからだ。つまり日本の金持ちは、**先進国並みの税金を払っていないのだ。**そのしわよせが、消費税なのだ。

もし日本の金持ちが先進国並みの税金を払えば、消費税の増税などまったく必要ないのだ。というより、消費税の廃止さえ可能なのである。

そして、消費が細りつづけて格差が広がりつつある日本の現状を見たとき、課税すべきは消費ではないことは明らかだろう。

日本の個人金融資産は2043兆円（2023年時点）を超えて、今なお激増して続けているのだ。この肥え太った金持ちに、ちゃんと税金を払ってもらうということが、まず日本で第一に考えなければならない税制方針のはずだ。

「日本は間接税の比率が低い」は本当か？

ここまで説明しても、まだこういう反論をする方がいるはずだ。

「日本は間接税の比率が低い。先進国はどこも間接税をたくさん取っているのだから、日本も間接税の割合を増やすべき」

しかし、この論も**大きな欠陥**がある。

確かに日本の間接税はヨーロッパ諸国に比べれば低い。

しかし日本の場合、公共料金やNHK受信料など「準税金」が非常に高く、国民生活の実態においては、高額の間接税を払っているのと同じ状況になっているのだ。

これもデータとしても明確に表れている。

間接税とは、税金をモノの値段に上乗せする税金である。

間接税の最大の欠点は、モノの値段が上がることである。それが一番、我々の生活に直結することだ。

もし間接税を上げても、モノの値段が変わらないのだったら、間接税などいくら上げてもいいわけだ。

つまり間接税というのは、国民がモノの高さを我慢することによって、間接的に税負担をする税金なのだ。

となると、間接税というのは物価との関係をセットで考えなくてはならない。

もし物価がものすごく低い国だったら、消費税を多少上げても、国民の生活にはそれほど影響はしない。

しかし物価がものすごく高い国だったら、消費税を上げたならば、たちまち国民生活に影響することになる。

はたして日本は物価が高いのか？　低いのか？

日本は、実は世界一物価が高い国なのだ。

コロナ前のデータではあるが、世界最大のコンサルティング会社マーサーによる世界の主要都市の2018年の物価ランキングでは、東京は第2位となっている。

第1位は経済先進地域ながら人口密度が異常に高い香港である。2017年の第1位は、最近まで内乱があり物資が不足しているアンゴラの首都ルアンダだった。

東京は、そういう非常に特殊な地域に次ぐ物価の高さなのだ。

実質的に世界一物価が高いと言っていい。

しかも日本の物価の高さは、昨日今日始まったことではない。ここ数十年の間ずっと、世界のトップに近い位置にいたのだ。

現在はコロナ後の異常な円安と、世界的なインフレにより、日本の物価高はかき消されているが、本来、日本は物価が高い国なのだ（2023年に東京は19位である）。

しかし、財務省や財界やマスコミの主張では、全体の物価の負担感をまったく考慮せず

2018年マーサー世界生計費調査 都市ランキング（上位10都市）

2017	2018	都市	国
2	1	香港	香港SAR
3	2	東京	日本
4	3	チューリッヒ	スイス
5	4	シンガポール	シンガポール
6	5	ソウル	韓国
1	6	ルアンダ	アンゴラ
8	7	上海	中国
15	8	ンジャメナ	チャド
11	9	北京	中国
10	10	ベルン	スイス

に、単に「消費税の税率」だけを比較して「日本は間接税の負担が少ない」などと言っているわけだ。

彼らの消費税増税論が、いかに根拠の薄い表面上だけのものであるか、これで理解していただけたのではないだろうか。

消費税が格差社会をつくった

そして消費税の最大の欠陥というのは、貧しい者ほど収入における負担率が高くなるという「逆進性」である。

まず思い起こしていただきたい。

格差社会といわれるようになったのは、消費税導入以降のことである。消費税導入以前、日本は「一億総中流社会」と言われ、格差が非常に少ない社会だったはずだ。

税の専門家の間では消費税を導入すれば、貧困層がダメージを受けるということは、当初から言われていたことだ。税金の常識である「金持ちの負担を大きく、貧乏人の負担を小さく」ということにまったく逆行しているのだ。

なぜ**「消費税は金持ちが負担が小さく、貧乏人の負担が大きい」**のか、簡単に説明しよう。

消費税は、何かを消費したときにかかる税金である。

そして人は生きていく限り、消費をしなければならない。「自分は貧乏だから消費をしない」というわけにはいかないのだ。

そして貧乏人ほど収入に対する消費の比重が大きい。だから、消費に税金がかけられれば、一番ダメージを受けるのは貧乏人なのである。

簡単にいえば、こういうことである。

貧乏人は所得のほとんどを消費に回すので、所得に対する消費税の割合は、限りなく10%に近いことになる。

たとえば年収300万円の人は、300万円を全部消費に使うので、消費税を30万円払っていることになる。300万円のうちの30万円払っているということは、つまり貧乏人にとって消費税は、所得に10%課税されるのと同じことなのである。

しかし金持ちは、所得のうち消費に回す分は少ない。だから所得に対する消費税率の割合は非常に小さくなる。

たとえば1億円の収入がある人が、2000万円を消費に回し、残りの8000万円を金融資産に回したとする。この人は所得のうち5分の1しか消費に回していないので、所得に対する消費税の課税割合も5分の1である。つまり、所得に対する消費税率は、2%

で済むのである。

これを普通の税金に置き換えれば、どれだけ不公平なものかがわかるはずだ。

もし貧乏人は所得に対して10％、金持ちは2％しか税金が課せられない、となれば、国民は大反発するはずだ。しかし、実質的にはそれとまったく同じことをしているのが、消費税なのである。

「消費税は公平な税金だ。物を買ったときに誰にでも同じ率で課せられるし、消費税を払いたくなければ、消費しなければいいだけだ」

などという人もいる。

でも、それこそ意地悪で現実離れした話である。

人は消費しなくては生きていけない。そして所得が低い人ほど、「消費をしない」という選択肢がない。貯金をする余裕がないから、必然的に収入のほとんどが消費に充てられるわけだ。**貯金という逃げ道のない人を狙ってかける税金、それが消費税なのである。**

税金には本来、所得の再分配の機能がある。

所得の高い人から多くの税金を取り、所得の少ない人に分配するという機能である。経済社会の中で生じたさまざまな矛盾を、それで是正しようということだ。

でも消費税は、所得の再分配と、まったく逆の機能となっている。

もし消費税が税収の柱になっていけば、金持ちはどんどん金持ちになって、貧乏人はどんどん貧乏人になる。

これは、単なる理論的なことだけではない。

繰り返すが「格差社会」という言葉が使われはじめたのは、消費税が導入されてからである。消費税と格差社会は、時代的にまったくリンクしているのだ。

消費税が導入される前は、日本は**「一億総中流社会」**と言われていた。

国民全部が、自分たちのことを中流階級だと思っていたわけだ。つまり貧しい人がいなかったということだ。

日本の名目GDPの推移

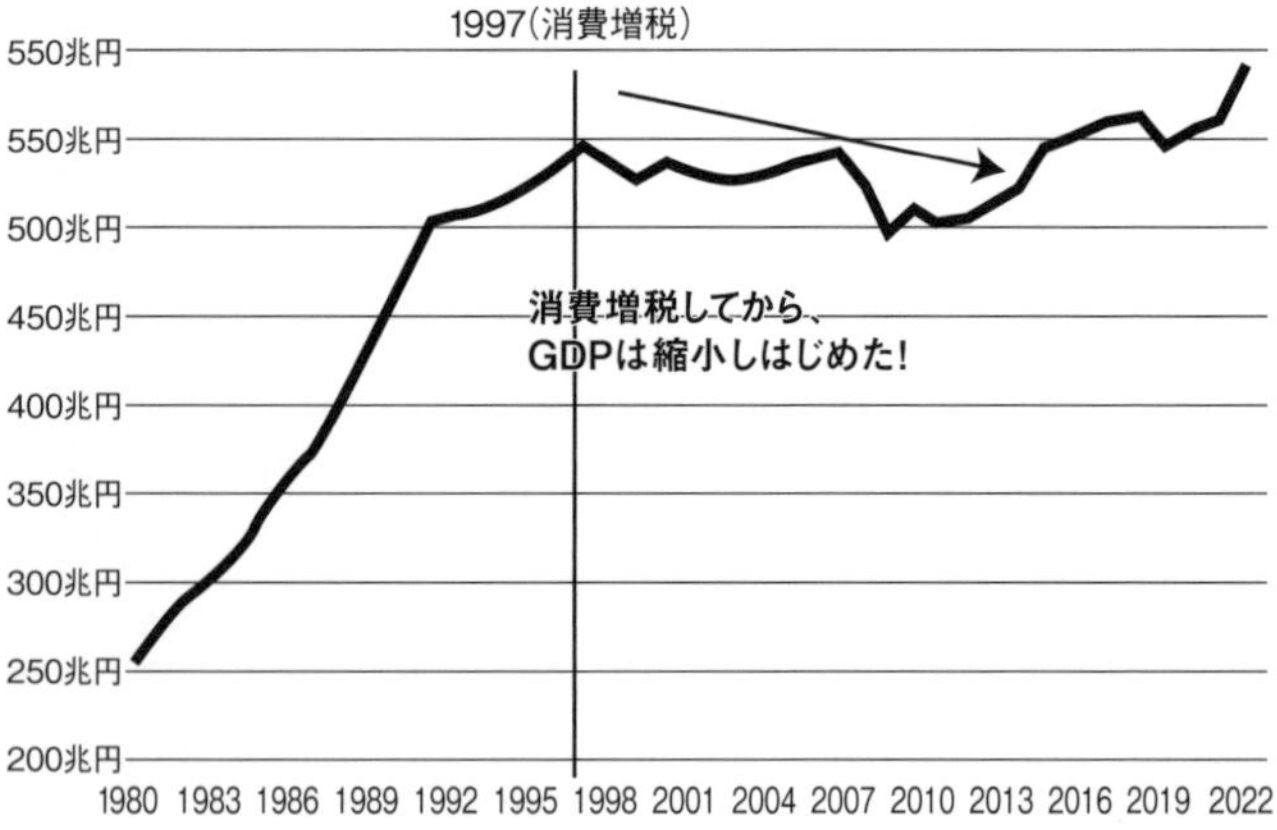

出典：世界経済のネタ帳

格差が広がったのは、消費税が導入されてからなのである。

格差社会には、いろんな要因があるので、消費税だけのせいではないけれど、一つの大きな要因であることは間違いないのだ。

消費税を増税すれば必ず景気が冷え込む

「消費税は国民に負担感を感じさせることなく、広く浅く取ることができる税金」

財務省はこういう説明を繰り返し行った。

しかし、これもウソである。

確かに消費税というのは、直接税に比べれば払うときに負担感がない。

しかし、それは単に支払う回数の違いだけなのだ。直接税は、一回で払わなければならないので、負担感が大きい。しかし消費税は、買い物するごとに、何百回、何千回と払うものなので、一回の支払いでの負担感は小さい。それは、当たり前のことだ。

消費税というのは、一回、一回の支払いでは大した影響はないが、**長期間でみれば確実に家計に影響を与える**ものなのだ。

ローンのことを考えてみれば、わかるはずだ。

ローンで買い物をすれば、一回、一回の支払額は小さいので、負担感が少ない。しかし、何度も何度も支払わなければならないので、そのうちに負担感が増してくる。

そしてローンを増やしすぎると、生活の破綻を招く。ローンによる自己破産が多いのは知られたところである。

その害は弱いものから影響を受ける。そしてボディーブローのように後から後から効いてくるのだ。


消費税を上げれば、消費が冷え込む。それは当然のことである。

実際、今までもそうなってきた。消費が冷え込めば、景気が落ち込む。

消費税の導入以来、ずっとその悪循環の繰り返しである。

90年代、日本の景気は一瞬、回復しかけたが、消費税の税率アップで吹っ飛んでしまった。

また2014年、2019年の消費税の増税でも、消費は落ち込んだ。このときは金融緩和で株価が上がり名目上の景気はよくなった。が、これは企業の業績がよくなっただけであり、賃金の上昇などにつながらず国民生活にはまったく反映されなかった。そのため消費は冷え込みっぱなしなのである。

消費税は、確実に国民のふところを痛め、経済力を衰退させるのだ。

消費税は中小事業者の負担が大きい

消費税というものは、消費者にとっても痛いものだが、事業者にとっても痛いものである。特に中小の事業者にとって、消費税は大きな痛手となる税金なのだ。

建前の上では、事業者は売上時に消費税を客から預かり、それを税務署に納付するだけとなっている。

しかし実際の経理では、消費税も本体の代金も一緒にして、売上金として入金される。決算期後に、その売上金の中から、まとめて消費税を払わなくてはならないのである。

おそらく中小企業の実感としては、「自分の売上の10%を税務署に納付する」ことになるだろう。

中小企業は、資金繰りが苦しいところが多く、消費税の納付ができずに未納になっているケースも非常に多いのだ。

消費税は、価格に上乗せされる税金であり、建前上は「消費者が負担するもの」となっている。しかし実際のビジネス社会では、必ずしもそうではない。実質的に企業側が負担しているケースは少なくない。

消費税は、その税金分を価格に転嫁するという建前になっているが、場合によってはそれができない場合も多い。

中小企業の場合は特にそうである。

普通の人を相手にする小さい商店などでは、価格が税込みになっているケースも多い。たとえば、そば店などでは、そば一杯の値段は税込みで何百円となっているのがほとんどである。

こういう商店では、消費税の増税分を回収するためには、商品の値上げをしなくてはならない。しかし、この値上げがなかなかしづらいのである。

値上げをしなかった場合は、店主が消費税増税分の自腹を切ることになるのだ。

消費税が中小企業に痛手であることは、国の側も認識していた。

だから消費税導入時には、売上が3000万円以下の事業者は、消費税の納税が免除されていた。

政府は消費税導入時に、この3000万円以下の免税制度があるために、「消費税は大型間接税ではない」と説明していたのだ。日本の事業者の大半は、売上が3000万円以下だったたからだ。

この売上というのは、所得や利益のことではない。事業者は売上から経費を差し引いた残りが、利益（所得）となる。だから売上3000万円と言っても、経費を差し引いた後の所得はそう大したことはない。実収入は数百万円であることがほとんどなのだ。

しかし、この３０００万円以下免税の制度は、平成16（２００４）年に大幅に縮小され、免税となるのは「売上１０００万円以下の事業者」となった。普通に事業をしていれば、中小事業者でも売上は１０００万円以上になることが多いので、ほとんどの事業者に消費税の納税義務が課せられたわけである。消費税を免除されるのは売上が１０００万円以下の零細事業者だけになったのだ。

インボイス制度は零細事業者に対する大増税

そして令和５年（２０２３）のインボイス制度によって、「売上１０００万円以下免税」の制度も骨抜きにされてしまったのである。これにより、零細事業者さえも消費税の納税義務が生じることになった。

インボイス制度をめぐっては、声優やフリーランサーなどが業界をあげて反対を表明し、ネットニュースになったりもするが、一般の人には今一つわかりにくいものだろう。

インボイス制度とは、事業者が消費税の仕入れ税額控除をする際に、支払った相手先から、消費税の税額の明細を記載された「適格請求書」というものを受け取らなければならないものである。

消費税の仕組みでは、事業者は「売上時に客から預かった消費税」から、「経費などの支払い時にすでに支払った消費税」を差し引いた残額を税務署に納付することになっている。

インボイス制度では、この「経費などの支払い時にすでに支払った消費税」を差し引く条件として、支払先から「適格請求書」を受け取らなければならないということになったのだ。経費を支払っても支払先が「適格請求書」を発行してくれない場合は、その分の消費税は差し引くことができない。

そして、ここが一番重要なのだが、この「適格請求書」を発行するためには、「課税事業者」にならなくてはならないのだ。

先ほど述べたように消費税には「免税事業者」という制度がある。売上が1000万円以下の事業者は、消費税を納付しなくてもいいという制度である。

しかしインボイス制度の「適格請求書」は課税事業者じゃないと発行できない。売上が1000万円以下の免税事業者は、「課税事業者ではない」ので、本来は「適格請求書」を発行できない。「適格請求書」を発行できないと、取引先が仕事をくれなくなる恐れがある。

そのため、本来は消費税が免税される年間売上1000万円以下の事業者であっても、あえて「課税事業者」となり、消費税を納付しなければならなくなったのだ。

　このインボイス制度の導入で、もっとも大きな影響を受けるのは零細の事業者である。声優、音楽業界などフリーランスの人たちがこぞって反対したのは、彼らの多くは実は売上が1000万円以下の零細事業者だったからだ。

　インボイス制度というのは、ざっくり言えばこれまで消費税の納税を免除されてきた零細の事業者が、消費税を納付しなければならなくなるのだ。実質的に「零細事業者への増税」とさえいえる。

　たとえばウーバーイーツなどの配達員も消費税を納税しなければならない可能性がある。ウーバーイーツなどの配達員も、もらった報酬には消費税が加算されているのが原則なので、その消費税分を税務署に納付しなくてはならない。

　が、これまでは売上1000万円以下の零細事業者はこの納付が免除されていたので、ウーバーイーツの配達員は消費税の納税義務が免除されていたのだ。

　ウーバーイーツ社側は、現在のところ「消費税の免除者であっても、これまで通りの発注を行い、これまで通りの報酬を支払う」と発表している。

　が、インボイス制度の施行以降は、ウーバーイーツ社側が配達員の消費税納税分を負担しなくてはならないのは間違いないので、同社としては、なんらかの方法でそれを回収する動きになることは否定できない。

たとえば、物価が上がっても配達員の報酬はなかなか上がらないなどである。

とにかく、とにかく、インボイス制度は、零細事業者に大打撃を与えることは間違いないのだ。つまり、国は税収確保のために、零細事業者に対しての実質的な大増税を行ったのである。

声優が涙ながらにインボイスに反対

2023年6月22日、アニメプロデューサーの植田益朗氏や声優の岡本麻弥氏らが外国特派員協会で、インボイス制度に反対する記者会見をした。機動戦士ガンダムなどに出演してきた岡本麻弥氏は、自身の廃業も考えているとして涙ながらに訴える場面もあった。

声優業界に限らず、フリーランスで働く人の多くはインボイスに強く反対している。

中小企業は、消費税を価格に転嫁しにくく、結局、自腹で消費税を払うことが多いと前述したが、声優業界などはまさにその典型である。

声優などの場合、出演料は自分で決めることはできない。多くの場合、制作会社などが決める。よほど有名な声優の場合は、プロダクションやマネージャーと、制作会社の交渉で決められるが、大半の声優の場合は制作会社の言い値ということになる。

そして出演料は消費税込みの金額になっている。消費税が上がったからと言って、出演料を上げてくれとはなかなか言えない。

しかし声優も事業者なので、自分の売上（報酬）に応じて消費税を納付しなくてはならない。声優の出演料には、消費税が含まれて払われているという建前なので、声優は出演料の中から消費税分を取り出して税務署に納付しなくてはならないのだ。

実際には、出演料には消費税分は加算されていないので、自腹を切って消費税を納付することになるのだ。

声優だけではなく俳優やフリーランサーなどは、自分の報酬に消費税を上乗せすることができないことが多い。そういう人たちは、みな自腹を切って消費税を納付することになる。

そういうフリーランサーなどの苦境を救済するために、売上1000万円以下は免税となる制度があったのだ。しかし、何度も触れたようにインボイス制度により、この免税制度が事実上、骨抜きにされてしまった。

これにより売上がどれだけ少なくても、事業所得があれば事実上、消費税の納税義務が生じることになった（一部の小売業者、飲食店などを除いて）。

インボイス制度は国税OBを潤す制度

またインボイス制度で打撃を受けるのは、零細事業者やフリーランサーだけではない。すべての取引にインボイス（適格請求書）というものを発行しなくてはならなくなったので、事務量が膨大に膨れ上がった。

零細事業者やフリーランサーなどは、この事務をこなすだけでも大きな負担であり、実際には事務をこなせない事業者も大量に発生すると思われる。この事務負担に耐え切れないので、廃業するというフリーランサーもかなりいる。

たとえば声優の職業などでは、その多くが仕事のないときは、毎日、レッスンやオーディション、営業活動に追われて、とても事務作業などしているゆとりはないし、事務作業に慣れていない人がほとんどである。そういう人たちは、毎年の確定申告をするだけでも精いっぱいだ。インボイスで必要とされる「日々の経費のひとつひとつをチェックする」などということは実際、不可能である。

また大企業などにとってもインボイスに関する事務の増加は、とてつもない負担になるはずだ。

つまりインボイス制度というのは、零細事業者やフリーランサーへの実質的な大増税であるとともに、日本経済すべてに対して多大な労務を課すものなのだ。日本経済全体の負担増は膨大なものになる。

にもかかわらず、インボイス制度によって増える税収というのは、たった2000億円程度なのだ。日本の国家予算の0・2%にも及ばない程度なのである。

2000億円程度の税収を増やすために、零細事業者に大増税をし、日本経済全体に多大な負担を押し付けようとしているのだ。

まさに「百害あって一利なし」の政策なのである。

が、インボイス制度で潤う業界がある。

それは税理士業界である。インボイスで煩雑な事務をこなせずに、税理士に依頼する事業者が今後、激増すると思われるからだ。税理士の多くは、国税OBである。もしかしたら、国税OBの収入を増やすために、インボイス制度を導入したことも考えられる。

財務省は、そのくらいのことは平気でするのだ。

第2章

朝日新聞が
消費税推進派になった
「とんでもない理由」

朝日新聞が消費税強硬推進派になった日

2012年3月31日に、朝日新聞が衝撃的な社説を発表した。

「税制改革の法案提出　やはり消費増税は必要だ」

と題されたその社説には、「高齢化が急速に進むなか、社会保障を少しでも安定させ、先進国の中で最悪の財政を立て直していく。その第一歩として、消費増税が必要だ。私たちはそう考える」と記されており、消費税を強力に推進する内容となっていた（章末に全文を掲載）。

この社説に、驚いた人も多いはずだ。

そして「いつも国の方針に反対ばかりする朝日新聞でさえ消費税を推進するのだから、消費税の増税はやむを得ないのではないか」と考えた人も多かっただろう。

本来、報道機関には「公正中立」じゃないとならないという建前がある。

新聞社がこれほど明確に「自分の主張」を行うことは、珍しいことでもある。

これまで述べてきたように、消費税というのは、大企業や富裕層を楽にし庶民を苦しめる欠陥だらけの税金である。常日頃、**「庶民の味方」**を標榜《ひょうぼう》してきた朝日新聞としては、異常なことのように思える。

朝日新聞は、これまで消費税を推進してきたわけではなかった。

1987年に消費税の原型ともいえる「売上税」が自民党から提案されたとき、朝日新聞は反対の立場だった。テレビ朝日のニュースステーションは大々的に売上税反対キャンペーンを繰り広げ、自民党は選挙で大敗、売上税は廃案に追い込まれた。

また消費税が導入されてからも、朝日新聞は、「消費税賛成」の立場は取らなかった。「消費税はやむを得ないのではないか」という論調ながらも、「増税の前にするべきことがあるのではないか」という姿勢を貫いてきた。

「大企業や富裕層の税制優遇」「歳出の削減」を徹底的にやらなければ、消費税増税について国民の理解を得られるわけはない、という立場だったのである。

また本書の第1章で述べたような消費税の欠陥は、すべて朝日新聞側も承知のことであり、かつては消費税を鋭く批判し

社説

税制改革の法案提出

やはり消費増税は必要だ

朝日新聞社説2012年3月31日付

ていたのである。

たとえば、1988年10月6日の社説では「なぜ消費税に反対が多いのか」と題し、「消費税を実施した場合の試算が各方面から出されているが、一致しているのは、今度の税制改革では所得が高い人ほど得をする点だ。所得税の累進度《るいしん》を下げ、消費税を導入するのだから当然である」と、消費税が金持ち優遇税であることを明確に批判している。

朝日新聞は、その後、消費税の容認になっていくが、しかし手放しで消費税を容認したことはこれまでなかった。必ず消費税の欠陥を指摘し、「それを是正して初めて消費税は国民に受け入れてもらえるはず」という姿勢を崩さなかった。

また2012年3月18日の社説でも「整備新幹線　これで増税が通るのか」と題して、整備新幹線の着工にゴーサインを出した当時の野田佳彦民主党政権に対して「歳出を絞らずに消費税の増税を国民に求めるとは不届きな！」というニュアンスのことを述べている。

ところが、それからわずか2週間後に、冒頭に紹介した2012年3月31日の社説が出された。

朝日新聞は、「大企業や富裕層の税制優遇」「歳出の削減」などの問題は解決していないことを認めつつ、とにかく消費税は増税しなくてはならないという、強力な消費税推進派の立場に豹変《ひょうへん》したのである。

その後、**朝日新聞は、すっかり強硬な消費税推進派になってしまった。**

2018年10月1日の社説では、消費税増税に慎重な安倍首相に対して、次のような釘を刺している。

「4年前は増税の先送りを決め、『国民に信を問う』と衆院を解散した。16年の参院選の直前には『これまでの約束とは異なる新しい判断だ』として、2度目の延期を決めた。昨年（2017年）は、増税で得られる税収の使い道を変えるとして、またも国民に信を問う戦略をとった。

来年は統一地方選や参院選がある。政治的な理由で、3度目の延期をすることがあってはならない。」

つまりは金持ちを優遇し庶民に負担を押しつけるという問題の解決策はまったく見られていないのに、**「とにかく消費税を増税しろ」**という主張になったのである。

これを読むと、朝日新聞は安倍首相よりもはるかに消費税の増税に積極的だとわかる。

それでも朝日新聞は安倍首相に忖度《そんたく》して、消費税増税を推進しているわけではないのだ。

また、「日本の将来のため」「国民の生活」を真剣に考えて、こういう結論を出したのではない。

朝日新聞は信じがたいほどの**利己的な考え**（自社の権益を守るため）により、強硬な消費税推進派に転向したのだ。

朝日新聞が豹変した理由は、ざっくり言って次の三つである。

1 朝日新聞は税申告において、たびたび国税局から不正を指摘されており、当時も税務調査で多額の課税漏れを指摘されていた。

2 そもそも朝日新聞は日本有数の大企業であり、消費税は朝日新聞にとって有利な税金だった。

3 当時、消費税の軽減税率品目が検討されており、新聞を軽減税率に入れてもらいたかった朝日新聞は、財務省の機嫌を取った。

この三つの詳細を順に説明していきたい。

脱税常習犯としての朝日新聞

まずは一つ目の、「朝日新聞は税申告において、たびたび国税から不正を指摘されており、当時も税務調査で多額の課税漏れを指摘されていた」ことについてご説明したい。

あまり大きく語られることはないが、実は朝日新聞という企業は**脱税の常習犯**なのである。

ここ十数年でも、2005年、2007年、2009年、2012年に、「所得隠し」などをしていたことが報じられている。

特に2009年2月に報じられた脱税は、ひどいものだった。

その内容は、東京国税局の税務調査で2008年3月期までの7年間に約3億9700万円の所得隠し（仮装隠蔽《いんぺい》）をしていたことが、わかったというものだ。この所得隠しのうち、約1800万円は**「カラ出張」**だった。

そして、このときは、「所得隠し」以外にも申告漏れが指摘されており、申告漏れの額は全部で約5億1800万円だった。

所得隠し（仮装隠蔽《いんぺい》）というのは売上を隠したり、架空の経費をでっち上げたりするなどの「不正行為」のことである。不正行為があった場合は、重加算税という税が課される。そして不正行為の額が大きい場合は、「税法違反」で起訴されることになり、それが事件用語においての、いわゆる「脱税」である。

脱税として起訴される所得隠しの金額の目安は、だいたい2億円程度とされている（それより少ない金額でも起訴されることはある）。朝日新聞の所得隠し額は約３億９７００万円で**起訴されてもおかしくない額**なのだ。

　つまり朝日新聞は、運よく起訴を免れているだけであり、内容的には刑事事件に該当する「脱税行為」を行っていたのである。

　筆者は元国税調査官であり、いろんな脱税行為、所得隠し行為を見聞きしてきたが、**「カラ出張」というのは相当に悪質なもの**である。かなり素行の悪い企業でも、カラ出張まで行うようなことはめったにない。

　このときは朝日新聞もヤバいと思ったらしく、京都総局の当時の総局長を停職処分にしたり、東京、大阪、西部、名古屋の各本社編集局長を減給処分にしている。

東京築地にある朝日新聞東京本社

　また２００５年に報じられた所得隠しの内容も「業務委託の実態がほとんどないのに、海外子会社に業務委託費の名目で費用を支払うなどをする」というかなり悪質なものだった。

ロンドンなど海外の子会社に対しておよそ4700万円を業務委託費の名目で支出しており、また名古屋本社では約4000万円を販売経費の名目で支出しながら販売店の所長らとの懇親会の費用などに充てていたという。このとき朝日新聞は11億8000万円もの申告漏れがあり、そのうちの一部は、不正行為があったとして重加算税が課せられている。

社員の不正経理にゆるい体質

なぜ朝日新聞は、これほど脱税を繰り返してきたのか？

そもそも新聞業界というのは、不正経理にゆるい体質があった。

というのも、新聞社などのマスコミには「取材先の秘匿《ひとく》」という権利が認められている。国や世間に対して、取材先を開示しなくていい権利である。取材先を開示すれば、情報提供者がいなくなる恐れがあり、「情報提供者の保護」は近代国家では当然、認められたマスコミの権利である。

新聞社は、この「取材先の秘匿」を盾にして、国税局に対して「取材費」の内容を開示してこなかった。国税のほうも、マスメディアには「取材先の秘匿」の権利があるので、取材費に対してそれほど突っ込んだ調査はしてこなかった。

が、それをいいことに、新聞社の取材費の使い方は非常にずさんになっていた。**記者たちの個人的な飲み食いなどに、取材費が流用されていた**のだ。こうなると国税局のほうも、そうそう目をつむってはいられなくなり、取材費に対してもある程度のメスを入れるようになった。

そうすると、朝日新聞などは「不正がでるわでるわ」となったのである。

また朝日新聞は新聞社の中でも特に不正経理にゆるい体質があった。

というのも、朝日新聞は社員（記者）の力が強いため、社員の経理に関する管理が非常に甘かったのだ。

朝日新聞の最大株主というのは、「社員持ち株会」である。

朝日新聞は、創設者の村山龍平《りゅうへい》の親族などが株主になっていると思われがちだが、そうではない。現在は「社員持ち株会」が約26％の株式を保有し最大の株主となっているのだ。創業者一族の上野家は11％程度しか持っておらず、大きく引き離して「社員持ち株会」が第1位なのである。

つまり朝日新聞は「社員の会社」というわけである。

社員の会社というと「民主的でよい会社」というイメージがある。昨今の利益最優先の経済社会において社員が最大株主になれば、社員の待遇が改善され、社会全体にはいい影響を与えるだろう。

が、**朝日新聞の場合は別**である。

朝日新聞は、そもそも大手新聞社という好待遇の会社であり、さまざまな特権を持ったエリート集団である。もともと特権意識の強い彼らに、さらに大きな特権意識を与えることになってしまったのだ。

つまり**社員がさらに図に乗る**ということである。

そのため社員たちは経理に関して順法精神が低い。そして社員の不正気質が、そのまま朝日新聞の脱税体質になっているのだ。

朝日新聞のこれまでの「所得隠し」の内容を見ても、「カラ出張」や「飲み食い費」など、社員が関連しているものが多い。社員が会社の金を飲み食いなどに費消し、適当な科目で計上したことが「脱税」につながっているのである。

これで、**政治家や国の不正を暴こうというのだから、その図々しさには恐れ入る。**

消費税増税派への転向と脱税との関係

このように朝日新聞は、税金に関して非常にゆるいというか、順法精神を欠いた社風を持っている。

そして、このことは、実は朝日新聞が「消費税増税推進」に転向したことと大きく関係しているのである。

2012年3月30日にも、朝日新聞の課税漏れがあったというニュースが報じられているのだ。朝日新聞は、東京国税局から5年間で約2億5100万円の申告漏れを指摘されたのだ。このときも不正行為(仮装隠蔽)があり、重加算税が課せられている。

この記事だけを見れば、いつもの「朝日新聞の脱税」だということになる。

が、この記事の場合、日付が重要なポイントなのだ。

このニュースが報じられた2012年3月30日というのは、朝日新聞が「消費税増税やむなし」という社説を出した前日のことである。

つまり朝日新聞は国税局の指摘を受けた直後に、まるで降参するかのように「消費税増税派」に転向したのである。

しかも特筆すべきことに、「朝日新聞が消費税増税派に転向した途端、朝日新聞の所得隠しのニュースがぱたりとなくなった」のである。

朝日新聞は2005年、2007年、2009年、2012年に「課税漏れ」のニュースが報じられている。が、この2012年3月のニュースを最後に、この手のニュースがぱたりと止んでしまったのだ。

朝日新聞のような大企業には、だいたい2〜3年おきに税務調査が行われる。だから、朝日新聞に税務調査が入っていないということはないはずだ（もし2012年以降、税務調査が入っていないとすれば、明白に不自然であり、大問題だといえる）。

2012年以降、ニュースになっていないということは、それほど大きな課税漏れなどはなかったのだろうか。

2012年までは、あれほどずさんな会計をしていた朝日新聞が急にきっちり会計をするようになったとは考えにくい。筆者の元国税調査官としての感覚から言えば、ずっとずさんな会計をしていた企業が急に身ぎれいになることは、ありえない。

2017年には、朝日新聞の関連会社である朝日広告社の所得隠しが報じられている。このように関連会社はずっとずさんなままなのだ。本体だけが身ぎれいになったはずはない。朝日新聞の本体に対する**税務調査には、何らかの作為**があるといえる。

また課税漏れのニュースなどは、脱税で起訴されない限りは、国税局がリークしなければ報じられることはほとんどない。だから、もしかしたら、東京国税局が朝日新聞の課税漏れをリークしなくなったのかもしれない。

いずれにしても国税局のなんらかの恣意《しい》的な操作があったと疑われても仕方のないところである。

この点について、朝日新聞と国税局の見解をじっくり聞いてみたい。

これほど不自然な事態の流れに対して、どういう言い逃れをするのか。

自分たちの「セレブな生活」を守ることが最優先

次に朝日新聞が、強硬な消費税推進派になった二つ目の理由、「そもそも朝日新聞は日本有数の大企業であり、消費税は朝日新聞にとって有利な税金だった」についてご説明したい。

あまり語られることはないが、朝日新聞は、日本で有数の大企業なのである。世界的に見ても、有数の金持ちメディア企業なのである。そして、その役員や社員たちは、日本のサラリーマン平均の数倍の報酬を得ている「富裕層」なのである。

しかも朝日新聞は、ただの大企業ではない。

さまざまな特別な権益を持った**「既得権益企業」**なのである。

第1章でご紹介したように、消費税というのは大企業や富裕層が得をし、庶民に負担のしわよせがくる税金である。

だから朝日新聞の社員たちにとって、消費税の導入は損か得かというと、圧倒的に得なのだ。**消費税が上げられ、法人税や所得税が下げられれば、彼らには大きなメリット**がある。

売上税の提出時や消費税導入時には、国民の反発を見て、とりあえず「大型間接税反対」の立場をとっていたが、よくよく検討してみると、自分たちにとっては得な税金だったということだ。だから根の部分で消費税を推進する体質を持っていたのだ。

しかし庶民の味方を標榜《ひょうぼう》していた朝日新聞は、大手を振って消費税推進を叫ぶことはできないので、これまでは、「国民の理解を得て消費税の増税を」という立場をとっていた。が、脱税問題などもあり、「もう推進派に鞍替《くらが》えしよう」ということになったのだろう。

朝日新聞の社員の平均給料は、1200万円弱である。これは、日本のサラリーマンの平均の約3倍である。

朝日新聞社員の平均年収は1147万円!

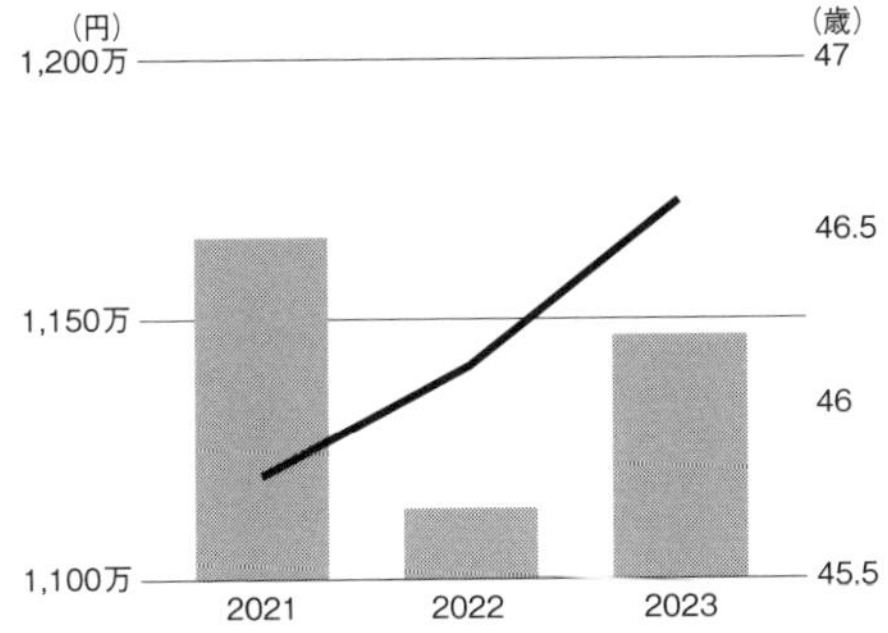

しかも取締役9人の年間報酬は、2億7000万円にも達している（2019年時点）。1人あたり3000万円である。

富裕層に属すると言えるだろう。

さらに、彼らは取材費という名目で自由になる金がかなりある。

それらを含めれば、日本人の平均給与の5〜10倍の経済力があるだろう。

何度も言うが消費税というのは、所得の低い者ほど痛みの大きい税金である。

だから国民平均の数倍の「高給取り」、しかも取材費という名の遊興費がふんだんに使える者には、消費税の痛みが実感としてわかるはずがないのだ。

そして彼らは「彼らの裕福な生活を守るため」に消費税の増税が必要だったのである。

しかも取材費のゆるさを国税に見逃してもらうためには、財務省に媚《こび》を売っておかなければならない。また新聞の売上を維持するためには、軽減税率に入れてもらいたい。

つまり**朝日新聞は100％自分たちのために、消費税増税派に転向した**のである。

また朝日新聞が社員にこれほどの給料を出せるのは、朝日新聞が金持ち企業だからである。これもあまり知られていないが、朝日新聞は日本有数の不動産事業者なのだ。

東京銀座朝日ビルディングや大阪の中之島フェスティバルタワーなどを所有している。

東京銀座朝日ビルディングには、世界最高級のホテルである「ハイアットセントリック」が入居している。東京・銀座のハイアットセントリックは、これがアジアにおける初めての進出である。また中之島フェスティバルタワーには、これまた日本で最高級クラスのホテルの「コンラッド大阪」が入っている。

紙面では庶民の味方を演じながら、裏では富裕層相手の美味しいビジネスで稼いでいるのだ。

朝日新聞の純資産額は、約3643億円である（2023年）。

純資産額というのは、資産から負債を差し引いた額であり、朝日新聞の正味財産である。これが3643億円もあるのだ。この資産額は、日本企業でも有数のものである。

そもそも朝日新聞は「既得権益」の代表者

しかも特筆すべきことは、朝日新聞は自らの経営努力だけで、これだけの金持ち企業になったわけではないことである。

実は**朝日新聞は既得権益でガチガチに守られた企業**である。

たとえば新聞業界には、「記者クラブ」というものがある。

これは官庁などに、報道機関専用室のようなものが設けられ、メンバーだけが独占的に取材を行えるものである。この記者クラブは、各官庁、都道府県など800か所に及ぶ。記者クラブに入れるのは、既存の新聞社等に限られる。だから新聞業界には新規参入がなかなかできないのである。先進国で、メディアにこのような閉鎖的な団体があるのは日本だけである。この記者クラブの存在について、大手新聞社は表立った批判はしていない。

またテレビなどもそうである。

現在、地上波のテレビ局というのは事実上、新規参入ができない。テレビ放送を行うには、総務省の免許が必要だが、地上波のキー局にこれ以上免許を出すことはないからである。テレビ業界も完全な既得権業界なのである。

そして、ご存知のように朝日新聞は、テレビ朝日という地上波のテレビ局を持っている。既得権益で守り固められた業界なのである。

本来もっともオープンであるべきマスコミが既得権益というシェルターの中で、あまい汁を吸っているのである。これでは他の業界で、規制緩和が進むはずはないのだ。

しかも新聞社というのは、さらに「消費税の軽減税率」までしてもらおうとしている。**「既得権益の塊」**とさえ言えるのだ。

既得権益によって大儲けし、日本中の一等地の不動産を買い占め、社員は日本有数の好待遇を享受しているのだ。

日本が格差社会になったのも、財政が悪化したのも、既得権益を持つ奴らが、その権益を絶対に離さず、むしろ権益を拡大してきたことが要因である。

そして朝日新聞は間違いなく既得権益を持つ側にいるのだ。

というより朝日新聞の持つ既得権益は、日本のいろんな分野の中でも、かなり大きな部類に入る。朝日新聞は市民の代弁者ではなく、既得権益側の代弁者なのである。

日ごろは、市民の代弁者のようなポーズをとっているが、朝日新聞は間違いなく既得権益側なのである。

よく考えてほしい。3000万円の報酬をもらっている役員たち、1200万円の給料をもらっている記者たちが、国民生活に寄り添った新聞をつくれるはずはないのだ。高い報酬をもらって美味しい生活をしている奴らは、必然的に自分たちの生活を守る方向に向かうのである。

「消費税増税を表明した社説」

というのは、つまり美味しい生活をしている朝日新聞社員たちの本音を吐露したものなのだ。

「我々が裕福に暮らすために庶民にはもっと厳しい生活を」

そういうことである。

もし朝日新聞の社員でこれを読んでいたならば、ぜひ弁明をお聞きしたいものである。

軽減税率という巨大な権益

最後に朝日新聞が強硬な消費税推進派になった三つ目の理由、「新聞を軽減税率に入れてもらいたかったために財務省の機嫌を取った」ということについてご説明したい。

2019年の消費税の増税では、「軽減税率」が設定されることになった。

ヨーロッパ諸国などでは、食料品など生活必需品には消費税の税率を低くし、低所得者層の負担を和《やわ》らげる工夫がされている。これを「軽減税率」と言う。

日本でも、消費税導入時から「軽減税率」を設定すべきという意見があったが、どの項目を対象にするかで、各業界の激しい陳情合戦となり、調整力のない日本の政治家たちは「いっそ、みな一緒の税率で」となったのだ。

が、消費税が増税されるに従い、軽減税率の必要性を訴える声が大きくなった。ダイヤモンドにも、お米にも同率がかけられるような雑な消費税を持つ国は、世界中を探しても日本くらいしかない。

さすがに政治家も、官僚もそのことに気づいて、今回の10%への増税では軽減税率を設定しようということになった。

が、今回決まったこの軽減税率の**対象品目には、大きな謎**がある。

今回設定された軽減税率の主な対象品目は、食品表示法に規定する飲食料品である。食料品は生活必需品なので、これが主な対象にされたことは不自然なことではない。が、非常に不審なのが、**「新聞購読料」が軽減税率の対象**とされたことである。

軽減税率の対象品目の中には、「定期購読契約が締結された週2回以上発行される新聞」も入っている。これは一般紙だけじゃなく、スポーツ紙、業界紙、政党機関紙なども含まれる。

新聞の軽減税率は論功行賞だった

新聞協会は、「新聞に軽減税率が適用されること」についてホームページで、次のように主張している。

書籍、雑誌も含めて、活字文化は単なる消費財ではなく「思索のための食料」という考え方が欧州にはある。新聞をゼロ税率にしている国もイギリス、ベルギー、デンマーク、ノルウェーの4か国ある。欧州連合（EU）加盟国では、標準税率が20％を超える国がほとんどで、その多くが新聞に対する適用税率を10％以下にしている。

そして、新聞協会は、ヨーロッパ諸国などが設定している新聞の軽減税率のデータを表にして載せている。

それを見ると、世界中で新聞は軽減税率の対象となっているので、日本でも設定してもいいのではないかと思ってしまう。

が、新聞協会のホームページのデータには、**「誤誘導」**が見られるのだ。

というのも、新聞協会の提示したデータを見れば、たとえばイギリスの欄では「標準税率20％　新聞の税率0％」となっているので、あたかも新聞だけを特別扱いしているイメージを受ける。が、イギリスの場合、新聞に限らず、書籍も雑誌も同様に0％にしているのである。

欧州主要国の新聞、雑誌、書籍の軽減税率

	標準税率	新聞	雑誌	書籍
イギリス	20%	0%	0%	0%
ドイツ	19%	7%	7%	7%
フランス	20%	2.1%	2.1%	5.5%
イタリア	25.4%	4%	4%	4%
スペイン	21%	4%	4%	4%

というより欧州諸国のほとんどは、新聞だけを軽減税率の対象としているのではなく、雑誌や書籍も同様に対象にしているのだ。この**「情報は民衆の必需品」**という考え方は、多くの人にとって理解できるものだろう。

だから肝心なことは、欧州諸国の多くが新聞だけじゃなく、雑誌や書籍も対象にしていることである。なぜ日本だけが「新聞だけ」なのか？　新聞だけが対象になるのであれば、「情報は民衆の必需品」という考え方には合致しない。

しかも対象になるのは、「定期購読」されているもののみである。コンビニなどで売られている新聞は、対象にならない。なぜ同じ新聞なのに、定期購読だけが対象になっているのか、**非常に不可思議**である。

今の日本の現状を見たとき、「新聞の定期購読をしている人」が、低所得者層とはとても言えないはずだ。家計が苦しい場合、新聞の定期購読などがまず削られるはずである。テレビやネットのニュースで代用することができるからだ。

現在、新聞の定期購読をしている人たちというのは、ある程度お金に余裕がある人であり、低所得者層への配慮とは言いがたい。

軽減税率の対象品目に、「宅配の新聞」が入っていることは、どう見ても不自然である。

これは、「新聞を軽減税率の対象にすれば、新聞が消費税に反対しなくなる」という財務省の見え透いた狙いがあるし、しかも新聞業界は、財務省の狙い通りの対応をしているのだ。

朝日新聞が社説に「消費税推進」を掲げたのは、まさに軽減税率の対象品目が検討されていたときだった。ただ、このときには対象品目の調整がうまくいかず、2014年の増税時には軽減税率の設定は見送られた。

が、2019年の軽減税率設定時には、見事に新聞は対象品目に当選したわけである。朝日新聞の社説などに対する、**財務省からの論功行賞《ろんこうこうしょう》**（手柄に対するごほうび）と言える。

くれぐれも肝に銘じておいていただきたい。

日本のマスコミというのは、これほどレベルが低いのである。

彼らの言うことを信じていれば、日本の将来はとんでもないことになってしまうのだ。

新聞社の身勝手さ

また朝日新聞が完全に消費税増税推進派になったその半年後、新聞協会はとんでもない要望を国に提出している。

当時、国が進めていた行財政改革で、新聞の購読費が26％削られることに猛抗議したのである。

その内容は、次ページの新聞記事の通りである。

中央省庁は、新聞購読料として毎年20億円以上を費消してきた。だいたい20万部の新聞を定期購読していたのだ。政府が新聞を20万部定期購読するとは、どういうことか？

朝日新聞だけで数万部を購読しているということである。

筆者は税務署に勤務していたときに、税務署の新聞購読数の多さにびっくりしたものである。一つの税務署で主要紙や地方紙を一通りとっている。これはまあ、理解できる。が、それは一部ずつではないのだ。**署長用、副署長用、総務用、一般用などとして、同じ新聞を何部も定期購読しているのだ。**

これは、いくら何でも無駄《むだ》である。情報収集のためならば、署内に一部ずつ用意しておけばそれで充分だろう。

新聞は政府に対して、再三「税金の無駄遣い」を指摘してきた。朝日新聞の例の2012年3月31日の社説でも、「行政改革を徹底し、予算の配分を見直し、歳出を絞っていくのは当然のことだ」と述べている。

政府が年間20万部も新聞を購読していることが無駄であるということは、新聞社自身もわかっているはずだ。にもかかわらず、自分たちの利益に関係することになると、途端に態度を変えるのだ。

「歳出の削減は、自分たちの利益に関係のないところでやってくれ」ということである。

新聞業界の正義が、**いかに底の浅いものであるか**、という証拠である。

購読費削減撤回の要望書　新聞協会

「中央省庁の新聞購読費削減　再考求め政府に要望書　新聞協会」

新聞協会は9月21日、政府の行政改革実行本部が中央省庁の新聞購読部数を2012年度に続き13年度も削減する方針を示したことに対し、再考を求める秋山耿太郎会長名の要望書を、本部長を務める野田佳彦首相宛てに提出した。新聞協会は今年4月にも、購読費の削減は遺憾だとする意見書を出している。

要望書は新聞購読部数の削減について、民意を伝える新聞の情報に公務員が接する機会を減らすことにつながると指摘。中央省庁の決定が、活字離れを助長し、学校を含む地方自治体や公共機関での新聞購読にも影響を及ぼす恐れがあるとしている。

要望書は同日、販売委員会の田中豊委員長（産経東京）、塚田雅彦（日経）、前田昌彦（東京）両副委員長が、同本部事務局の熊谷哲審議官に手渡した。田中委員長は、来年度の削減計画撤回と、今年度も可能な限り元に戻すことを訴えた。熊谷氏は「岡田克也行政改革担当相に伝える」と答えた。

政府行革実行本部は今年7月、中央省庁が購読する新聞や雑誌について13年度は11年度比26・6％、10億2800万円を削減することを明らかにした。うち新聞の削減分は5億8900万円で、26・4％の減少となる。

～2012年9月12日毎日新聞より～

再録！　朝日新聞が消費税に転向した社説

2012年3月31日付　朝日新聞社説
「税制改革の法案提出　やはり消費増税は必要だ」

政府が消費増税を柱とする税制改正法案を国会に提出した。

消費税を今の5％から14年4月に8％へ、15年10月には10％へと引き上げる。税収は社会保障の財源とする。

高齢化が急速に進むなか、社会保障を少しでも安定させ、先進国の中で最悪の財政を立て直していく。その第一歩として、消費増税が必要だ。私たちはそう考える。

しかし、国会でも国民の間でも異論が絶えない。

まず、こんな疑念である。

なぜ増税が必要なのか、なぜ消費税なのか。

この問いに答えるために、国の財政の状況を整理しよう。

12年度の一般会計予算案で、歳出の総額は90兆円を超す。ところが、税収は42兆円余りしかないので、国債を発行して44兆円以上も借金する。

こんな赤字財政を続けてきた結果、政府の借金の総額は1千兆円に迫り、国内総生産の2倍に及ぶ。財政悪化の最大の要因は、社会保障費の膨張だ。一般会計では26兆円を超えた。高齢化で医療や年金、介護の給付が伸び続け、国の歳出は毎年1兆円余りのペースで増えていく。

多額の借金で社会保障をまかなう構図だ。この財源の「穴」を埋め、将来世代へのツケ回しを改めなければならない。

むろん、むだを省く工夫が必要だ。分野によっては、給付の大幅な削減も避けられない。

一方で、「穴」の大きさを考えると、医療や年金、介護の保険料ではとても追いつかない。ここは税の出番だ。

社会全体で支え合う社会保障の財源には、一線を退いた高齢者から、働く現役組まで幅広い層が負担し、税収も安定している消費税がふさわしい。

その際、低所得の人への対策を忘れない。所得税や相続税も見直し、所得や資産の多い人への負担は重くする。税制改革の重要なポイントだ。

増税に頼らなくても、財源はあるはずだ

行政改革を徹底し、予算の配分を見直し、歳出を絞っていくのは当然のことだ。

この点で野田政権と財務省の無責任ぶりは甚だしい。昨年末には、整備新幹線の未着工区間の着工をはじめ、大型公共事業を次々と認めた。

消費増税の実現が最優先となり、与党から相次ぐ歳出要求に抵抗もせず、受け入れた。独立行政法人や特別会計にもまだまだメスが入っていない。とんでもない考え違いである。

ただ、歳出削減に限界があるのも事実だ。一般会計の教育・科学関係費や防衛費、公共事業費、国家公務員の人件費は、それぞれ5兆円前後。大なたをふるっても、多額のお金が出てくるわけではない。

特別会計や政府系の法人が抱える「埋蔵金」も、ここ数年積極的に掘り起こしてきた結果、次第に底を突きつつある。

10兆円を超す積立金を持つ特別会計がいくつか残っているが、それぞれ借金を抱えていたり、将来の支払い予定があったりする。活用しても、一時しのぎにすぎない。

低成長が続くなか、増税して大丈夫か

エネルギーや環境、農業などで規制緩和を進め、新たな需要と雇用を生み出し、経済を活性化する努力は不可欠だ。

だが、「景気回復を待って」と言っている間に借金はどんどん積み重なる。リーマン・ショックのような激震時には見送るにしても、増税から逃げずに早く決断することが大切だ。

欧州の債務危機では、主要先進国の一角であるイタリアまでが国債相場の急落（利回りの急上昇）に見舞われた。財政は日本よりはるかに健全なのに、投機筋の標的になった。日本の国債は大半を

国内の投資家が持っているからといって、価格下落と無縁なわけではない。

イタリアはマイナス成長が懸念されるなか、増税や年金の削減に乗り出した。フランスも、ユーロ圏ではない英国も、競って財政再建に着手し、国債への信用を維持しようと必死だ。

市場に追い込まれる形での財政再建は厳しい。

国債価格が下がると、新たに発行する分には高い金利をつけないと買ってもらえない。財政はいよいよ苦しくなる。

景気の回復を伴わない金利の上昇は、企業も圧迫する。給料が下がり、雇用が失われかねない。そんな状況下で、いま以上の増税が不可避になる。

経済学者でもあるイタリアのモンティ首相は「未来のために犠牲を分かち合って欲しい」と訴え、国民の支持を得て改革への推進力としている。

野田首相は「消費増税に政治生命をかける」と言うが、そのためには、国民が納得できる政策を示さなければならない。

私たちは目を凝らし、厳しく注文をつけていく。

第3章

経団連の大罪

消費税増税を主導した「経団連」とは？

消費税というのは、財務省と財界、新聞社が中心になって、喧《やかま》しく宣伝活動が行われてきた。財界、特に経団連は消費税導入とその後の税率アップを執拗《しつよう》に働きかけてきた。

たとえば2018年の10月に、安倍首相が消費税の増税にゴーサインを出したときには、経団連は会長コメントとして次のような声明を発表している。

「社会保障制度の持続可能性の確保および財政健全化のために消費税率の引き上げは不可欠である。今般の安倍総理の引き上げ表明を歓迎する」

経団連が真に国民のため、日本の将来のためを思って、消費税を推奨してきたわけではない。信じられないほど身勝手に、自己の利益のためだけに、消費税の宣伝をしてきたのである。なぜ経団連が、消費税を激しく推奨してきたのか？

本章では、そのカラクリを暴いていきたい。

「経団連」とは、正式には、一般社団法人日本経済団体連合会という。

よく経済ニュースなどでその名が出てくるので、ご存知の方も多いはずだ。

上場企業の経営者を中心につくられた組織であり、いわば日本の産業界のトップの集まりである。経団連には、上場企業を中心に1512社、主要な業界団体107、地方経済団体47などが加入している（2023年4月1日現在）。

日本経済団体連合会の会長は、財界の首相とも呼ばれ、日本経済に大きな影響力を持つ。

この経団連は、加盟企業が一流企業ばかりで、しかも1512社もいることで、それだけでも大きな政治権力を持ちうるが、さらにたちの悪いことに、政党への企業献金も非常に多いのだ。

東京・千代田区大手町1丁目にある経団連会館

経団連は自民党に対して、通知表ともいえる「政治評価」を発表し、その評価に応じて加盟企業に寄付を呼び掛けるのだ。

たとえば昨今では、経団連は安倍首相の政策を非常に評価している。そのため、経団連は2022年まで9年連続で加盟企業に自民党への政治献金を呼び掛けた。自民党は、経団連の加盟企業から毎年二十数億円の政治献金を受けており、収入の大きな柱になっている。

いわば、経団連は自民党のオーナーのような立場なのである。

当然、自民党は経団連の意向に沿った政策を行うことになっている。

経団連の罪

経団連は、財務省と歩調を合わせる形で、消費税の導入と、その後の税率アップを喧伝してきた。

経団連の主張は、**「消費税を上げて、その代わりに法人税を下げよ」**ということだった。

この主張は、別に秘密裏に政治家に働きかけられたわけではない。公の場で堂々と述べられ、経団連の主張として文書でも発表している。

そして、この主張は通り、そのまま実行された。

消費税がつくられ、さらに税率アップされ、その代わりに法人税が大幅に下げられたのである。法人税率は、1988年までは**43・3%**だったものが、2018年には**23・2%**になっている。**約半減**である。

この30年間、国民は消費税の創設や増税、社会保険料の値上げなどの負担増に苦しんできた。その一方で、法人の税金は急激に下げられてきたのだ。

前章でも述べたように、この時点ですでに「社会保障費のために消費税が必要」という国の喧伝は真っ赤なウソなのである。

「消費税を上げて、法人税を下げる」とはどういうことか?

法人税というのは、「儲《もう》かっている企業」に対して「儲かっている部分」に課せられる税金である。

一方、消費税というのは、国民全体が負担する税金である。

「消費税を上げて、法人税を下げる」のは、「儲かっている企業の税負担を減らし、その分を国民に負担させる」ことにひとしい。

「儲かっている企業」の集まりである経団連にとっては、万々歳のことである。自分たちの負担を減らし、それを国民に押し付けるのだから。

しかしこれは、日本経済を窮地《きゅうち》に追い詰めるものだった。

「儲かっている企業の税負担を減らし、その分を国民に負担させる」

ということは、決して日本経済の実情に合っていない。

バブル崩壊以降、日本のサラリーマンの平均賃金は下がりっぱなしである。そういう中で、消費税を上げるとどうなるか?

国民の生活は苦しくなる。当たり前といえば当たり前の話だ。

それは数値としても明確に表れている。

前述したように総務省の家計調査によると、2002年には一世帯あたりの家計消費は320万円を超えていたが、現在は290万円ちょっとしかない。国民は消費を10％も削ったのである。

この20年間で消費が減っているのは、先進国では日本くらいなのである。

「日本の法人税は世界的に高い」という大ウソ

「日本の法人税は先進国に比べて高い」というのは、しばしば言われる。

経団連が、「法人税を下げて消費税を上げろ」と言い続けてきた大義名分もそこにある。

が、本当に日本の法人税は高いのか？

「日本の法人税は世界的に高い」と、多くの国民は思っているし、経済誌や経済評論家、経済学者なども、よくこういうことを言う。

たとえば東京大学経済学部研究科教授（当時）の伊藤元重氏は、ビジネス誌「ダイヤモンド」の2013年8月26日のオンライン記事で、「日本ではなかなか消費税率を上げられることができなかった一方で、法人税率は世界有数の高さのままなのである」と述べている。つまり伊藤元重氏は、「日本の法人税は世界的に高いから下げるべき」と言っているわけだ。

日本の法人税は、確かに名目上は非常に高い。しかし日本では、研究開発減税などのように、法人税にはさまざまな抜け穴があり、実際の税負担は、まったく大したことがないのである。

研究開発税制というのは、研究開発のために支出した費用がある企業は、法人税が20％割引になる制度である。大企業の大半がこの研究開発税制を使えるため、大企業の法人税は実質2割減なのである。

現在、日本の名目上の法人税率は23・2％だが、事実上は18・6％程度しかないのである。18・6％の法人税というのは世界的に見て、まったく高くはない。先進国としては普通か少し低いくらいである。この18・6％という数字を見れば、誰も「日本の法人税が世界有数の高さ」などとは言えないはずである。

東京大学経済学部の伊藤元重名誉教授は、この研究開発費減税のことをご存知ないのだろうか？

もしこんなこともご存知ないのであれば、**経済を語る資格などまったくない**と筆者は思う。

先進諸国の中では日本企業の社会保険料負担はかなり低い

また日本の企業は先進国に比べて、社会保険料の負担率が非常に低い。

そもそも企業の税負担というのは、税額そのものだけを見ても意味がない。社会保険の負担も、税的な役割を持つものであり、税と社会保険料、両方の負担を考えないと、真の意味での「企業の負担」は測れないのである。

そして税と社会保険料の合算を考えた場合、日本の企業の負担は決して大きくはないのだ。次ページの表のように、税と社会保険料を合わせた負担割合は、**フランス、イタリア、ドイツよりもかなり低い**のだ。

またこの表のデータはいささか古いものであり、この当時より日本の法人税はかなり下げられているので、日本企業の負担率はさらに下がっているのだ。

つまり総合的に考えた場合、日本企業の社会的負担は先進国の中では低いほうであり、本来はもっと負担しなければならないということである。

また経団連は、この20年間、投資家の減税についても働きかけてきた。

なぜ経団連が投資家の減税を働きかけたかというと、表向きは投資を活発化させるためという名目だった。が、経団連の連中は、ほとんどが自社の大株主であり、つまりは大投資家なのである。投資家の減税が行われれば、直接的に大きな利益を得られるわけだ。

そして政治側もこの財界の要望にこたえ、投資家の税金を大幅に下げた。

その結果、日本の株の配当所得の税金は、実は先進国でもっとも安くなっているのだ。

配当所得に対する税金（財務省サイトより）

日本　15・315％

アメリカ　0〜20％

イギリス　10〜37・5％

ドイツ　26・375％

フランス　15・5〜60・5％

企業の税、社会保険料負担の国際比較
（対GDP比）

国名	税	社会保険料	計
フランス	2.6	11.4	14.0
イタリア	2.8	8.9	11.7
ドイツ	1.8	7.3	9.1
日本	3.1	4.5	7.6
イギリス	2.8	3.5	6.3
アメリカ	2.0	3.4	5.4

出典・経済社会の持続発展のための企業税制改革に関する研究会（経済産業省）より

アメリカ、イギリス、ドイツ、フランスと比べても、日本の税率15％というのは明らかに安い。イギリスの半分以下であり、ドイツ、フランスよりもかなり安くなっている。あの投資家優遇として名高いアメリカと比べても、日本のほうがはるかに安いのだ。

日本では本来の所得税の最高税率は45％だが、配当所得は分離課税となっているので、どんなに高額の配当があってもほぼ15％で済むのだ。

分離課税というのは、他の収入と切り離して、配当所得だけを別個に計算することである。分離課税の最大の特徴は、いくら収入があっても税率が高くならないことだ。

配当所得は、「収入が高い人ほど税金が高くなる」という所得税のルールから除外されているのだ。つまり配当所得は何千万円、何億円収入があろうと、税率は15％なのだ。

普通、個人の所得税というのは、さまざまな収入を合算し、その合計額に見合った税率を課せられるようになっている。

たとえばサラリーマンや個人事業などで所得の合計額が4000万円を超えた場合は、最高税率の45％となっている。

しかし配当所得の場合は、他の収入と合算されることはない。だから、どんなに配当をもらっていても、わずか15％の税金で済むのだ。

一つの会社の株を個人で3％以上保有している大口株主の場合は、20・42％となっている。が、この大口株主の場合は、地方税5%が課せられないので、実質的に他の株主と同様なのだ。

また配当所得における「住民税」は、わずか5%である。

サラリーマンの場合、住民税は誰もが10%である（課税最低限に達しない人は除く）。

つまり額に汗して働いた人が10%の住民税を払わなければならないのに、株を持っているだけでもらえる配当所得には、その半分の5%しか課せられていないのである。

格差社会を招いた投資家優遇

この投資家優遇税制は、昔からあったわけではない。

以前、株主配当の税金は、他の所得と同様に累進課税制度になっており、多額の配当をもらっている人は、他の所得の人と同様に多額の税金を納めていた。

しかし2003年の税制改正で、「どれほど多額の配当があっても所得税15・315%、住民税5%の税率だけでいい」となったのだ。

しかも、株主優遇制度はそれだけにとどまらない。

2002年に商法が改正され、企業は決算が赤字でも配当ができるようになった。それまでは各年の利益から配当が払われるのがルールだったのだが、この改正により、その年は赤字でも、過去の利益を積み立てている会社は配当ができるようになったのだ。
このため会社は赤字でも、毎年配当をすることができるようになった。
この結果、上場企業は、株式配当を以下のように激増させた。

上場企業（3月期）の株式配当
2005年　4・6兆円
2007年　7・2兆円
2009年　5・5兆円（リーマン・ショックによる影響で一時的に減少）
2012年　7・0兆円
2015年　10・4兆円
2023年　13・9兆円

リーマン・ショックで一時的に減少したものの、この十数年間は**「うなぎ登り」**といっていいような上昇をしている。2005年と2023年を比較すれば、なんと約3倍以上の増加なのだ。
もちろん配当所得を得ている人は、収入が激増した。

前述したように日本では100万ドル以上の資産を持つ「ミリオネア」が近年、激増し366万人を越えている（2020年）。
この激増している億万長者の大半が、株の配当を得ている人だと推測される。
が、その一方で、この間にサラリーマンの給料は次のようにまったく上がっていない。

サラリーマンの平均年収

2005年	**437万円**
2007年	**437万円**
2009年	**406万円**
2012年	**408万円**
2015年	**420万円**
2017年	**432万円**
2021年	**443万円**

（国税庁統計より）

安倍首相の財界への呼びかけなどで、この2、3年は若干、上がっているものの、経済規模の拡大に比べるとまだ大きなマイナスである。それにもかかわらず、サラリーマンは、消費税の増税や社会保険料の増額で、負担は増すばかりだった。こんな**わかりやすい「金持ち優遇政策」**はない。これでは、**格差社会になって当たり前**なのだ。

この配当所得の不公平に関しては、政府内でも批判があり、2018年の1月の時点では、消費税の増税と同時に、配当所得の税率の引き上げも検討されていた。

が、株価への影響などを考慮し、配当所得課税強化は見送られた。消費税の増税は予定通りに実行することが決められたにもかかわらず、である。

国民生活に大きな打撃を与え、格差を助長する消費税の増税は決行し、株価のことを配慮し、不公平をただすために配当所得の課税強化は見送っているわけだ。

日本を貧困化させた経団連

近年、経団連は自分たち（大企業の株主や役員）の目先の利益ばかりを追い求め、国民全体を苦境に陥れた。

消費税や投資減税もそうだが、さらに**「雇用」**の面でも、最悪の所業を行っているのである。1995年、経団連は「新時代の〝日本的経営〟」として、「不景気を乗り切るために雇用の流動化」を提唱した。

「雇用の流動化」というと聞こえはいいが、要は「いつでも正社員の首を切れて、賃金も安い非正規社員を増やせるような雇用ルールにして、人件費を抑制させてくれ」ということである。

これに対し政府は、財界の動きを抑えるどころか逆に後押しをした。

1999年には、労働者派遣法を改正した。それまで26業種に限定されていた派遣労働可能業種を、一部の業種を除外して全面解禁したのだ。

2004年には、さらに派遣労働法を改正し、1999年改正では除外となっていた製造業も解禁された。これで、ほとんどの産業で派遣労働が可能になった。

派遣労働法の改正が、非正規雇用を増やしたことは、データにもはっきりとでている。90年代半ばまでは20％程度だった非正規雇用の割合が98年から急激に上昇し、2017年では37・3％となっている（厚労省）。なお2022年には65万人も増加して2101万人となっている（総務省）。

そして、非正規雇用の増加だけじゃなく、正社員の賃金も下げてきた。

前述したように日本人の平均給与は、この20年間で20ポイントも下がっているのだ。

この20年のうちには、戦後一番目と二番目の長さの好景気があった。にもかかわらずサラリーマンの給料は上がるどころか下がっていたのだ。この数年は若干、給料が上がっているが、この20年で下がった分に比べれば焼け石に水なのだ。

そして先進国の中でこの20年間で、給与が下がっているのはほぼ日本だけなのだ。この20年のうち、先進国はどこの国でもリーマン・ショックを経験し、同じように不景気を経てきた。

でも、OECDの統計によると、先進国はどこの国も給料は上がっている。

EUやアメリカでは、20年前に比べて平均収入が30ポイント以上も上がっている。日本だけが給料が下がっているのだ。

この状態で、さらに消費税を増税しようというのだ。

経団連がいかに国民を苦しめているのかということである。

消費税は少子高齢化の一因

経団連の一連の所業は、急速な少子化の要因にもなっている。

消費税は、「消費が多い世帯」ほど収入における負担割合が大きくなる。

では、どういう世帯が消費が多いかというと、**「子育てをしている世帯」**だといえる。

子育て世帯に対しては、「児童手当を支給しているので負担は軽くなったはず」と主張する識者も多い。しかし、この論はまったくの詭弁《きべん》である。

児童手当というのは、だいたい一人あたり月1万円、年にして12万円程度である。その一方で、児童手当を受けている子供は、税金の扶養控除が受けられない。そのため、だいたい平均で5〜6万円の所得税増税となる。それを差し引くと6〜7万円である。つまり、児童手当の実質的な支給額は、だいたい年間6〜7万円しかないのだ。

子供一人にかかる養育費は、年間100万円では到底不足である。食費やおやつ、洋服代、学用品などの必需品だけでも平均で100万円はゆうに超えるだろう。ちょっと遊びに行ったり、ちょっとした習い事などをすれば、すぐに200万〜300万円になる。もし、子供の養育費が200万円だったとすれば、負担する消費税額は20万円となる。

児童手当では、まったく足りないのである。

日本人全体の生活は年々苦しくなってきており、それが少子高齢化の原因にもなっていることはデータにも表れている。

公益財団法人「1more Baby 応援団」の既婚男女3000名に対する2018年のアンケート調査では、子供が二人以上欲しいと答えた人は、全体の約7割にも達している。

しかし、74・3%の人が**「二人目の壁」**が存在すると回答しているのだ。

「二人目の壁」とは、子供が一人いる夫婦が本当は二人目が欲しいけれど、経済的な理由などで二人目をつくることができないことを指す。

サラリーマンの給料はこの20年で20ポイントも下がっているのに、消費税増税や社会保険料の負担増が続いている。それは若い夫婦の生活を直撃し、それが少子化の大きな要因になっているのだ。

また正規雇用の男性の既婚者は4割だが、非正規雇用の男性の既婚者は1割しかいない。日本社会の現状として、非正規雇用の男性は事実上、結婚できない。現在、非正規雇用の男性は、500万人以上いる。10年前よりも200万人も増加している。つまり、結婚できない男性がこの10年間で200万人増加したのだ（2021年時点の非正規雇用の男性はさらに増えて652万人）。

もちろん、これらのことは経団連の所業による影響が大きい。

ざっくり言えば、**日本の急速な少子高齢化は経団連のせい**なのである。

第4章

消費税で大儲けしたトヨタ

消費税はトヨタの強い要望で創設された

前章で述べたように、消費税の導入（増税）は、経団連の強い要望で実現したものである。が、その経団連の中でも、**もっとも消費税増税を推したのはトヨタ**なのである。

トヨタといえば、財界の重鎮である。当然、政治的な発言力も大きいし、税制にも口出しをする。そしてトヨタをはじめとする自動車業界が80年代、消費税の導入を強く働きかけたのだ。

もちろん、トヨタの要求だけで消費税が創設されたわけではない。が、トヨタの要求が消費税導入に強い影響をもたらしたことは確かである。

そしてトヨタは消費税増税により、大きな恩恵を享受しているのだ。

2019年10月の消費税増税時には、自動車税が下げられることが決まった。1800ccクラスの普通乗用車の自動車税は、3万9500円だったのが3万6000円になった。また自動車取得税も廃止され、代わりに「環境性能割」という税金が導入されるが、これも**実質的な減税**となっている。

実は消費税の導入と同時に、自動車関連の税金が減額されるというのは、今回だけではない。というより消費税導入時から増税されるたび自動車関連の税金は何らかの形で大きく減額されてきた。

自動車というのは、お金に余裕がある人しか買えないものである。だから消費税を上げ、自動車関連税を下げることは、低所得者の税金を上げ、高所得者の税金を減らすことに他ならない。

しかも、これまでの自動車関連税の下げ方は、尋常ではないのだ。

「日本の自動車に関する税金は、先進国の中では高いから」

自動車業界はそういう主張をしている。しかし、これも詭弁である。確かに自動車大国アメリカは、自動車関連の税金は安い。が、ヨーロッパ諸国では、自動車には消費税の最高税率がしっかりかけられている。またガソリンなどの間接税も高いので、自動車関連の税金をトータルで見れば日本と同じか、むしろ日本より高いくらいである。

なのに、なぜ自動車の税金ばかりを下げるのか、というと、自動車業界に対する配慮があるのだ。さらに言えばトヨタに対する配慮があるのだ。

愛知県豊田市にあるトヨタ本社

この事実を知れば、**ほとんどの人は怒りに震える**はずである。

トヨタがなぜ消費税導入を働きかけたのか、そしてトヨタは消費税でどんな恩恵を受けたのか、順に説明していきたい。

なぜ「物品税」は廃止されたのか？

まず、トヨタが消費税導入時に受けた恩恵として、「物品税の廃止」がある。

あまり顧みられることはないが、消費税の導入時に、「物品税」という税金が廃止されている。

物品税とは、簡単にいえば宝石、ブランド品、自動車などに課せられる〝贅沢《ぜいたく》〟税だった。この物品税は戦後すぐに導入されていたもので（原型は戦前にもあった）、国民生活に根付いていた。物品税を払っているからといって、国民生活に負担があるものではなかった。物品税があった当時、国民の消費はおおむね上向き傾向だったのだ。

「贅沢なものに税金が課せられる」ことは、格差社会を防ぐ上でも効果があった。贅沢品に課税されることで、必然的に高額所得者が負担することになるからだ。

また物品税は税の徴収方法もきちんと管理されており、徴税効果も高かった。

物品税や消費税などの間接税というのは、消費者が支払った税金を事業者がいったん預かり、それを集計計算して納税することになる。

ただし消費税の場合は、該当事業者が膨大であり、集計計算も複雑であることから、徴税効率が悪くなる。

それに比べれば、物品税は該当事業者が少なく、徴収経路も単純であることから、徴税効率はほぼ100%に近かった。つまり、消費者が贅沢品を購入するときに支払った物品税は、ほぼそのまま国庫に納められたのだ。

物品税は消費税に比べれば、格段に効率的で公平な税金だったのだ。

消費税の導入時には、税務署員の間でも、**「なぜ効率的な物品税を廃止し、非効率な消費税を導入するのか」**という疑問の声が上がっていた。


この物品税の税収は、2兆円もあった。

消費税の導入時の税収は4兆円台だったので、物品税をちょっと拡充すれば消費税などつくらなくてもよかったのだ。

実際、売上税（消費税の原型）が国会に提案される前、当時の中曽根康弘首相は、新しい間接税は導入せずに、物品税の拡充をしようとする考えを持っていた。しかし、物品税の対象となっている業界団体が猛反対したために、断念してしまったのだ。

そして国はこの貴重な物品税を手放し、消費税を導入してしまったのだ。

物品税の対象となる業界にとって、商売品に税金がかけられることは、商売の上で面白いことではない。

物品税を廃止すれば、自分たちの売上は確実に増える。だから物品税を廃止してもらいたかったのだ。その代わり、日本のあらゆる商品に税金をかけさせる「消費税」の導入を働きかけたのだ。

その業界団体の急先鋒にトヨタがいたのだ。

物品税が廃止され消費税が導入されたことで、トヨタがどれだけ恩恵を受けたのか？

自動車にかかっていた物品税の税率というのは、次の通りである。

普通乗用車（3ナンバー車）　マイナス23％
小型乗用車（5ナンバー車）　マイナス18・5％
軽乗用車　マイナス15・5％

つまり、5ナンバーの普通乗用車の税率が18・5％だったので、これが廃止され、消費

郵便はがき

料金受取人払郵便

牛込局承認

9026

差出有効期間
2025年 8 月
19日まで
切手はいりません

162-8790

東京都新宿区矢来町114番地
神楽坂高橋ビル5F

株式会社ビジネス社

愛読者係 行

ご住所 〒 TEL： （ ） FAX： （ ）		
フリガナ お名前	年齢	性別 男・女
ご職業	メールアドレスまたはFAX メールまたはFAXによる新刊案内をご希望の方は、ご記入下さい。	
お買い上げ日・書店名 年 月 日	市区 町村	書店

ご購読ありがとうございました。今後の出版企画の参考に
致したいと存じますので、ぜひご意見をお聞かせください。

書籍名

お買い求めの動機

1　書店で見て　　2　新聞広告（紙名　　　　　　　　　）

3　書評・新刊紹介（掲載紙名　　　　　　　　　　）

4　知人・同僚のすすめ　　5　上司、先生のすすめ　　6　その他

本書の装幀（カバー），デザインなどに関するご感想

1　洒落ていた　　2　めだっていた　　3　タイトルがよい

4　まあまあ　　5　よくない　　6　その他(　　　　　　　　　　)

本書の定価についてご意見をお聞かせください

1　高い　　2　安い　　3　手ごろ　　4　その他(　　　　　　　　　　)

本書についてご意見をお聞かせください

どんな出版をご希望ですか（著者、テーマなど）

税が導入されたとなれば、導入時の消費税は3％だったので、トヨタの乗用車は実質的に15％以上も安くなったのだ。

3ナンバーの場合は20％も安くなっている。

もちろん、**自動車メーカーとしては万々歳**なことである。

しかし国民生活から見れば、自動車が安くなったところで、生活するための品物全般の価格が上がれば、生活が苦しくなるのは目に見えている。つまり、トヨタをはじめとする自動車産業は、国民生活を犠牲にして、自社の売上増をもくろんだということだ。

トヨタは消費税で儲かる

またトヨタが消費税で受けた恩恵は、物品税の廃止だけではない。

消費税の「戻し税」という制度により、トヨタは消費税を払うのではなく、逆に還付を受けているのだ。

消費税というのは、**不思議な仕組みがいくつもある**。そのうちの一つが、「戻し税」というものだ。

消費税には、「国内で消費されるものだけにかかる」という建前がある。だから輸出されるものには、消費税はかからない。

ところが輸出されるものというのは、国内で製造する段階で材料費などの消費税を支払っている。そのため「輸出されるときに、支払った消費税を還付する」のだ。それが、戻し税というものである。

消費税の建前上の仕組みからいえば、この戻し税というのは、わからないことでもない。輸出企業は製造段階で消費税を払っているのに、売上のときには客から消費税をもらえないので自腹を切ることになるからだ。

しかし現実的に見ると、この制度は決して公平ではない。

というより、この戻し税は事実上、**「輸出企業への補助金」**となっているのだ。

というのも、大手の輸出企業は、製造段階できちんと消費税を払っていないからだ。

消費税がかかっているからといって下請け企業や外注企業は、価格に消費税を転嫁できない。製造部品などの価格は、下請け企業が勝手に決められるものではなく、発注元と受注企業が相談して決めるものである。となると、力の強い発注元の意見が通ることになり、必然的に消費税の上乗せが難しくなる。

トヨタなどの巨大企業となると、なおさらである。

トヨタから発注を受けている業者は、常にコスト削減を求められている。表向きは消費税分を転嫁できたとしても、「コスト削減」を盾に価格を引き下げられることはままある。

となると、トヨタなどの輸出企業は製造段階で消費税を払っていないにもかかわらず、戻し税だけをもらえることになるのだ。

それは、筆者が勝手に空想しているのではなく、実際にデータとしても証明されている。

2014年8月の帝国データバンクによるトヨタ自動車グループの下請け企業の実態調査結果の発表によると、全国約3万社の下請け企業の2007年度と2013年度の売上を比較したところ、2007年度の水準を回復していない企業が約7割を占めたのである。

トヨタ自体は、この間にリーマン・

輸出企業の消費税の戻し税 単位:億円

国名	増税前の消費税還付金(2009年度)	増税後に想定される消費税還付金
トヨタ自動車	2106	3369
ソニー	1060	1696
日産自動車	758	1213
キヤノン	722	1155
東芝	721	1154
本田技研	656	1050
パナソニック	648	1037
マツダ	592	947
三菱自動車	412	659
新日本製鉄	339	542
合計	8014	12822

2009年度のデータは湖東京至元静岡大学教授の試算、8%への増税後の試算は2009年データを元に著者が作成

ショックの打撃から回復して過去最高収益を連発しているが、それは下請けにはまったく反映されていないのである。つまり下請けに対する支払いが削られているということだ。

それなのに、戻し税は急激に増額している。つまり、トヨタは「戻し税」を丸儲けしているのだ。

トヨタは年間3000億円以上の戻し税を受け取っている

トヨタは実際にどのくらいの消費税の戻し税を受け取っているか？

「トヨタの消費税還付」の表は、2007年から2011年までにトヨタが受け取っていた消費税の戻し税の額である。実に、2000億円もの戻し税を受けているのだ。

2014年から消費税は5％から8％になった。この戻し税の額も当然、増えることになる。

単純計算でも1・6倍になるはずだ。だから、トヨタは2009年レベルの収支であれば、3300億円もの戻し税を受け取ることになる。

また2019年の増税でも、さらに戻し税が増えることになる。おそらく、5000億円近い戻し税を受け取ることになるだろう。

もちろん、この恩恵を受けているのは、トヨタだけではない。

「輸出企業の消費税の戻し税」の表は、日本の輸出企業上位10社が、消費税でもらっている「戻し税」の額である。

増税後には、上位10社だけで1兆円以上の戻し税が見込まれている。

消費税の税収は、十数兆円である。十数兆円しか税収がないのに、1兆円も戻し税を払うのだ。

これほど効率の悪い税金はないといえる。

トヨタの消費税還付	
2007年3月期	2869億円
2008年3月期	3219億円
2009年3月期	2569億円
2010年3月期	2106億円
2011年3月期	2246億円

湖東京至氏（元静岡大学教授）の推計による

エコカー補助金でトヨタは4000億円の得をした

トヨタの優遇制度は、減税ばかりではない。

補助金に関しても、トヨタは大きな恩恵を受けている。

その最たるものが「エコカー補助金」である。

リーマン・ショック、トヨタ・ショックの翌年の2009年からエコカー補助金なるものが設けられたことをご記憶の方も多いだろう。

これは、車齢13年以上の車を廃車にして一定の基準を満たすエコカーを購入した場合、普通乗用車で25万円、軽自動車でも半額の12万5000円が補助金として交付される制度だった。

この制度の肝は、**「買い替え」**だった。

車齢13年以上の車を廃車にしないと、この補助金の対象にはならない。だから長年、車を買い替えていない人が対象だったのだ。

つまり、いつも車を買ってくれる層ではなく、なかなか車を買い替えてくれない層を狙ったモノである。もちろん、自動車メーカーにとっては一番都合がいい。いつも車を買ってくれる層は、何もしなくても買ってくれるからだ。

このエコカー補助金は、排ガスの低減レベルは問われず、乗用車なら条件は平成22年度燃費基準の達成だけだった。

そのため当時の人気車種トヨタのプリウスなどに、補助金対象が集中することになった。当初は、2009年4月から2010年3月31日の間で、予算3700億円が消化されるまでという予定だった。が、反響の大きさから補助金は6300億円に増額され、期間も2010年9月末までに延長された。

このエコカー補助金でもっとも潤ったのは、トヨタである。エコカー対象車の中心は、プリウスだったからだ。

また2012年4月からは新エコカー補助金が実施された。

これは、一定の環境基準を満たす新車を購入した場合、普通車で10万円、軽自動車で7万円の補助金がもらえるという制度である。予算は3000億円が投じられ、この予算が消化した時点で終了ということだった。

つまり、このエコカー補助金のため、国は計9300億円を支出したのである。もちろんトヨタを中心とした自動車業界のためにである。

トヨタの国内販売のシェアは40～50%なので、9300億円の補助金の4～5割がトヨタの販促のために使われたことになる。4000億円前後の税金がわずか2年の間にトヨタのために使われたのである。

しかも、あろうことか、トヨタはこの補助金が終了すると、期間工を1万1000人も解雇してしまった。この補助金は、雇用の増加などには何もつながっていないのである。

待機児童予算の2倍以上だったエコカー補助金！

筆者はエコカーが普及することに、異論はない。

環境に優しい車が増えるほうが、社会にとって好ましいのは間違いない。

だが、なぜ、この時期、このような巨額の補助金を自動車のために支出したことには、大きな疑問を持たざるを得ない。

リーマン・ショックで、ダメージを受けたトヨタを助けるということが要因の一つだったことは間違いない。

しかしエコカーを買えるのは、そこそこ金を持っている層である。彼らを優遇しても景気対策にはならない。なぜなら金を持っている層を優遇しても、余ったお金が消費に回ることは少ないからだ。彼らは元からそこそこお金を持っているので、さらにお金が余ったところで、すぐさまそれで何かを買うことはない。

景気対策をするのであれば、まず低所得者層を狙わなければならなかったのだ。彼らは、もともと金を持っていないのだから、彼らにお金の余裕ができれば、それはすぐさま消費に回る。消費性向の高い層を優遇することが、現実的にもっとも効果のある景気対策なのである。

また日本には、対策を急がねばならない事項が目白押しなのである。

たとえば、待機児童問題。

近年の日本では少子化で子供が減っているにもかかわらず、保育施設の数が圧倒的に足りていないことは、ご存知の通りである。

エコカー補助金が行われていた2009年当時、待機児童関連に使われていた予算は

4000億円程度である。エコカー補助金は、その2倍以上にもなる9300億円が使われたのである。

予算の使い方が絶対に間違っているだろう、という話である。

トヨタは2008年から5年間税金を払っていなかった

このように税金に関して超優遇措置を受けてきたトヨタだが、さらに腹立たしい話がある。

信じられないかもしれないが、トヨタは2008年から5年間も日本国内で法人税等を払っていなかったのだ。この間に、トヨタは最高収益を更新しているほど儲かっていたというのに、である。

2009年から2013年までというのは、リーマン・ショックと大震災の影響などがあり、確かに業績のよくない企業は多かった。

が、トヨタはそうではなかった。この5年間で、トヨタはずっと赤字だったわけではない。近年赤字だったのは、リーマン・ショックの影響を受けた2010年期、2011年期の2年だけである。それ以外の年はずっと黒字だったのだ。

トヨタが5年間も税金を払っていなかった最大の理由は、**「外国子会社からの受取配当**

の益金不算入」という制度である。

これは、どういうことかというと、**外国の子会社から配当を受け取った場合、その95%は課税対象からはずされる**、ということである。

たとえば、ある企業が外国子会社から1000億円の配当を受けたとする。この企業は、この1000億円の配当収入のうち、950億円を課税収入から除外できるのだ。つまり、950億円の収入については、無税となるのだ。

なぜこのような制度があるのか？

これは、**現地国と日本で二重に課税を防ぐ**ということで、そういう仕組みになっている。

外国子会社からの配当は、現地で税金が源泉徴収されているケースが多い。もともと現地で税金を払っている収入なので、日本では税金を払わなくていい、という理屈である。

現地国で払う税金と日本で払う税金が同じならば、その理屈も納得できる。

もし現地国で30%の税金を払っているのであれば、日本の法人税を免除にしても問題ない。

が、配当金の税金というのは世界的に見て、法人税よりも安い。

つまり現地で払う税金は、**日本で払うべき税金よりもかなり少なくて済む**のだ。

たとえば1000億円の配当があった場合、現地での源泉徴収額は、だいたい100億円程度である。

しかし日本で1000億円の収入があった場合は、本来、232億円の税金を払わなければならない。

つまり現地で100億円の税金を払っているからという理由で、日本での232億円の税金を免除されているのだ。実際は、もう少し細かい計算が必要となるが、ざっくり言えば、こういうことである。

配当に対する税金は、世界的にだいたい10％前後である。途上国や、タックスヘイブンと呼ばれる地域では、ゼロに近いところも多い。

対する法人税は、世界的に見て20～30％である。

だから、「現地で配当金の税金を払ったから、本国の法人税を免除する」となれば、企業側が儲かるのは目に見えている。

アメリカの子会社が日本の本社に配当した場合、源泉徴収額は10％である。一方、日本の法人税は23・2％である。

アメリカで10％徴収されている代わりに、日本での約23％の徴収を免除されるわけだ。その差額分が、本社のふところに入っているわけだ。

理屈から言って、海外子会社が現地で支払った受取配当金の源泉徴収分を、日本の法人税から差し引けば、それで済むわけである。法人税を丸々、免除する必要はないはずだ。

たとえば、アメリカで100億円の税金を払っているならば、日本で払うべき232億円の税金から100億円を差し引き、残りの132億円を日本で払うべきだろう。

にもかかわらず、アメリカで100億円を払っているから日本の232億円の税金を丸々免除してしまっているところが、この税制の**「抜け穴」**となっているのだ。

しかも、この「海外子会社配当の非課税制度」はトヨタのためにつくられたようなものなのだ。これが導入されたのは、

海外子会社の配当金不算入

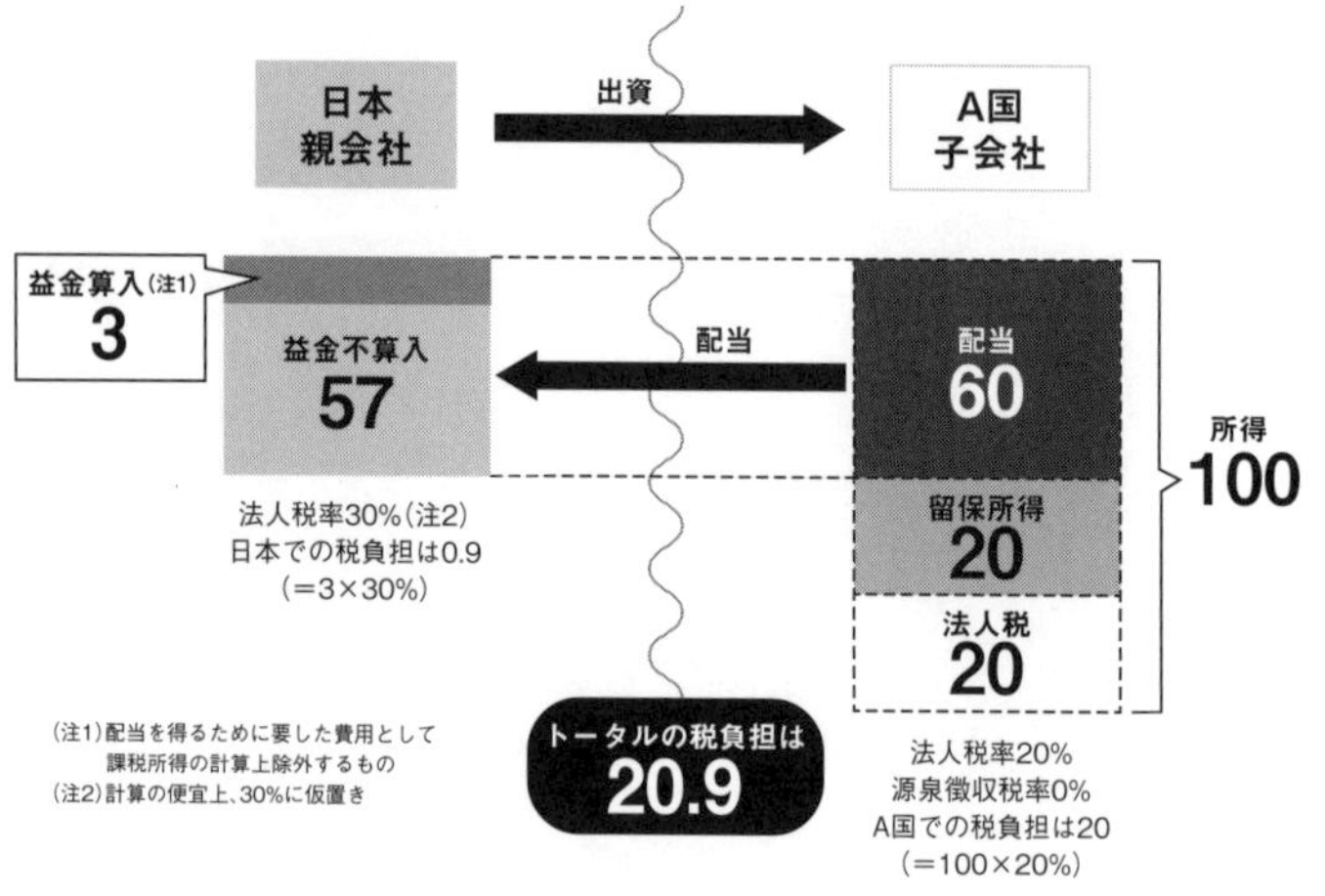

出典：財務省

2009年である。

それまで海外子会社からの配当は、源泉徴収された税金分だけを日本の法人税から控除するという、**ごくまっとうな方法**が採られていた。それが2009年から、配当金自体を非課税にするという非常におかしな制度が採り入れられたのだ。

そして、**トヨタは2009年期から5年間税金を払っていない**のである。まさにトヨタが税金を払わなくて済むためにつくられた制度なのだ。

トヨタはバブル崩壊以降、国内での販売台数が落ち込み、海外での販売にシフトしていった。特に90年代に入ってからは、海外販売の割合を急激に増やした。それまで50％程度だった海外販売の割合は、2000年代後半には80％前後で推移するようになった。

2000年代後半、トヨタは完全に**海外依存型の企業**になったのである。

海外での販売は、ほとんどの場合がトヨタの本社が直接行うものではない。つまりは、海外に子会社をつくり、その子会社が海外販売を担うのである。

必然的にトヨタは2000年代の後半から、海外子会社からの受取配当が「収入の柱」になっていった。

海外子会社配当の非課税制度というのは、トヨタの「収入の柱」を非課税にする制度なのである。

しかもトヨタの海外販売が激増した直後の2009年から、この非課税制度が始まったのだ。単なる偶然では、到底、片づけられないモノだといえる。

なぜトヨタ優遇税制がつくられたのか？

このようにトヨタは巨大利権と言っていいほどの大きな税金優遇を受けているのだが、それにしても、なぜ一企業に過ぎないトヨタが、これほど優遇されてきたのか？

トヨタは、財界で強い力を持っている。

日本経済団体連合会の会長は、財界の首相とも呼ばれ、日本経済に大きな影響力を持つ。

日本経済団体連合会の会長は、2002年5月～2006年5月まで、トヨタの奥田碩《ひろし》氏が務めた。日本経済団体連合会の前身である旧経団連でも、1994年5月～1998年5月までトヨタの豊田章一郎氏が会長を務め、旧日本経営者団体連盟では、1999年5月～2002年5月まで、トヨタの奥田碩氏が会長を務めた。

2017年時点で日本経済団体連合会の名誉会長5名のうち、2名がトヨタ（奥田碩氏、豊田章一郎氏）から出ている。

財界は、日本の経済政策や税制に大きな発言力を持っている。だから税制にトヨタの意向が強く反映されているというのは、想像に難くない。

が、トヨタがここまで税制上、優遇されている最大の要因は**「政治献金」**にあるといえる。

自民党への政治献金が多い企業団体のランキングでは、一般社団法人日本自動車工業会が1位で、2位がトヨタである。

この順位は、長らく変わらない。

日本自動車工業会が毎年6000万円～8000万円、トヨタが毎年5000万円程度、自民党に献金している。

日本自動車工業会とは、自動車製造企業の団体であり、当然、トヨタは主宰格である。

つまり、自民党の企業献金の1位と2位がトヨタ関係なのだ。自民党にとって、トヨタは最大のスポンサーなのである。

そのトヨタに対して、有利な税制を敷くのは、なんとわかりやすい金権政治なのだろうか？


近年、トヨタが得をした税制改正（主なもの）

	内容	トヨタの主な恩恵
1989年	消費税導入	消費税導入に伴い自動車にかかっていた物品税が廃止され、自動車購入にかかる税金は消費税を含めてもかなり割安になった
2003年	一定の研究開発を行う企業に大減税	トヨタの法人税は、実質20％減となる
2009年	海外子会社からの受取配当金を非課税とする	トヨタはこの恩恵のために、5年間、法人税を払わずに済んだ
2009年	エコカー補助金	トヨタ車だけで約4000億円の補助金

しかも、たかだか1億数千万円程度の献金で、日本全体の税制が変えられてしまうのである。日本の政治とはなんと貧弱なものなのだろうか、ということである。

トヨタの厚顔の広告「増税もまた楽しからずや」

このようにトヨタは、税金の恩恵をこれほど受けており、消費税はトヨタのためにつくられたとさえ言えるものだ。

が、2014年4月の消費税増税時に、トヨタは信じられないような広告を打った。

それは増税に際し、生活費の節約を促す内容で、「節約は実は生活を豊かにするのだと気づけば、増税もまた楽しからずやだ」という記述さえあったのだ。

世間の人は、トヨタが消費税でどれだけ恩恵を受けているのかわかっていない。

それをいいことに、**「増税もまた楽しからずや」**とは…。

この言葉こそが、現在のトヨタを象徴しているものだ。

自社の当面の利益だけを最優先に考え、国民生活がどうなっても構わない…というより、国民生活を犠牲にして、無理やり自社の利益を求めてきたのだ。

しかし、それは結局、トヨタ自身の首を絞めることになっている。それはデータとして明確に表れつつあることなのだ。

トヨタの車の国内販売は、バブル期に比べれば、急激に下落しているのだ。

物品税が廃止され、消費税が導入された後、一時的にトヨタの国内販売台数は増加した。しかし、すぐに販売台数は減少に転じた。

普通自動車の日本での販売台数は、最高時には216万台だったが、消費税導入前の販売台数約180万台をすぐに割り込み、平成23（2011）年に至っては108万台にまで落ち込んだ。現在は140万台前後である。最高で216万台だったのが、140万台前後にまで落ち込むというのは、相当なものである。

30％以上の落ち込みである。つまり市場が30％も小さくなってしまったのである。

また販売台数が落ち込んだのは、トヨ

この4月から消費税が8%に上がった。家計のやりくりは大変だが、これを機会に生活を見直せば、ムダはいくつも見つかるはず。不要なものを買っていないか。水光熱費はもっと節約できるのではないか。
例えばモヤシのような安価な食材も、工夫次第では立派な主菜になる。節約は実は生活を豊かにするのだと気づけば、増税もまた楽しからずやだ。
「やり方」を発明しよう。
◎次回の「トヨタのもっと006」は4月28日の掲載予定です
もっとよくしよう。
TOYOTA
広告で節約を説いたトヨタの新聞広告を一部拡大。2014年4月23日の日経新聞朝刊より

タだけではない。

国内の自動車販売は、各社とも軒並み台数を減らしており、ピーク時から比べると30％も下落をしている。

これは消費税をはじめとしたトヨタ優遇税制や非正規雇用の増大により、国内景気が落ち込んだのが大きい。特に若い世代の収入が激減したことが大きな要因だと考えられる。

トヨタは現在、拠点の海外移転を積極的に進めている。が、海外で商売するのは、非常に危険なことが多い。自動車産業という基幹産業は、どこの国も自国のメーカーを守りたいからである。現在、トヨタはアメリカが最大の顧客である。が、アメリカは当然、トヨタの「侵攻」を快く思っておらず、たびたび巨額の罰金を科したりしている。また自動車は、もう半世紀以上、日米貿易交渉の重要な議題であり続けている。

今後は中国なども強力な競争相手になってくるはずで、世界で商売をするというのは非常に大変なのである。

日本国内での販売を中心にするほうが、よほど商売はしやすいのだ。しかし、トヨタは自ら働きかけた税金優遇政策や賃下げ政策により、日本人の車離れを引き起こし、日本の市場はあてにならなくなった。自業自得とは、このことである。

もはやトヨタは日本経済に貢献していない

ここまで読んで来られた方の中には、

「トヨタは日本経済をけん引しているのだから、多少の優遇は仕方がない」

と思っている人もいるかもしれない。

確かにトヨタは日本最大の企業であり、「表面上」は日本経済をけん引してきた。しかし実際は、トヨタは日本経済に致命的ともいえる大きな打撃を与え続けてきたのだ。

というのもバブル崩壊以降、日本経済が低迷を続けている最大の理由は、賃金の低下である。前に触れたように、バブル崩壊以降、日本の企業は、決して収益は悪くなかったのに、従業員の賃金を下げ続けてきた。その結果、名目の上では好景気なのに、国民の生活はどんどん苦しくなる異常事態を引き起こした。しかも、それは今も続いている。

この異常事態を引き起こした張本人が、トヨタなのである。

トヨタは2000年代以降、ほとんどベースアップ（基本給の引き上げ）をしなかった。この時期、トヨタは史上最高収益を連発していたにもかかわらず、である。安倍首相の賃上げの働きかけにより、ここ数年は若干、ベースアップをしている。が、20年近くに渡って、ほとんどベースアップをしなかった罪は大きい。

トヨタは、日本のリーディングカンパニーである。トヨタがベースアップをしなかったことは、日本中の企業に影響を与えた。

「トヨタがベースアップをしていないのだから、我々も上げなくていい」

という雰囲気になり、日本中の企業がベースアップどころか賃下げに転じたのだ。

その一方でトヨタは、この十数年間、毎年、1000億円から6000億円もの配当を支払っている。ベースアップがなかった年でさえ約3000億円の配当金を支払っているのだ。2023年の配当金総額は8169億6800万円にのぼった。

またトヨタは、生産拠点の海外移転を急ピッチで進めており、日本で使うお金が急激に減っている。

トヨタの日本の正社員の数も、急速に減っているのである。1992年のピーク時には、7万5000人いたトヨタの正社員は、現在7万人程度にまで落ち込んでいる。

- **バブル崩壊以降も業績は好調で史上最高収益を連発している**
- **日本では最高の税優遇を受けている**
- **株主には高配当を連発**
- **しかしバブル崩壊以降、賃金をほとんど上げなかった**

・正社員の数を大幅に減らしている

つまりトヨタは業績はよく配当もバンバン出しているのに、まともに税金を払わず、従業員の賃金は上げず、正社員の数も減らし、下請けに支払うお金も減らしている。そして、「先進国の中で日本だけが賃金が下がっている」という、日本経済の根本に打撃を与える流れをつくったのは、トヨタなのである。

今のままトヨタを優遇し続けていると、**「トヨタ栄えて国滅ぶ」**となってしまうのだ。

トヨタの配当総額

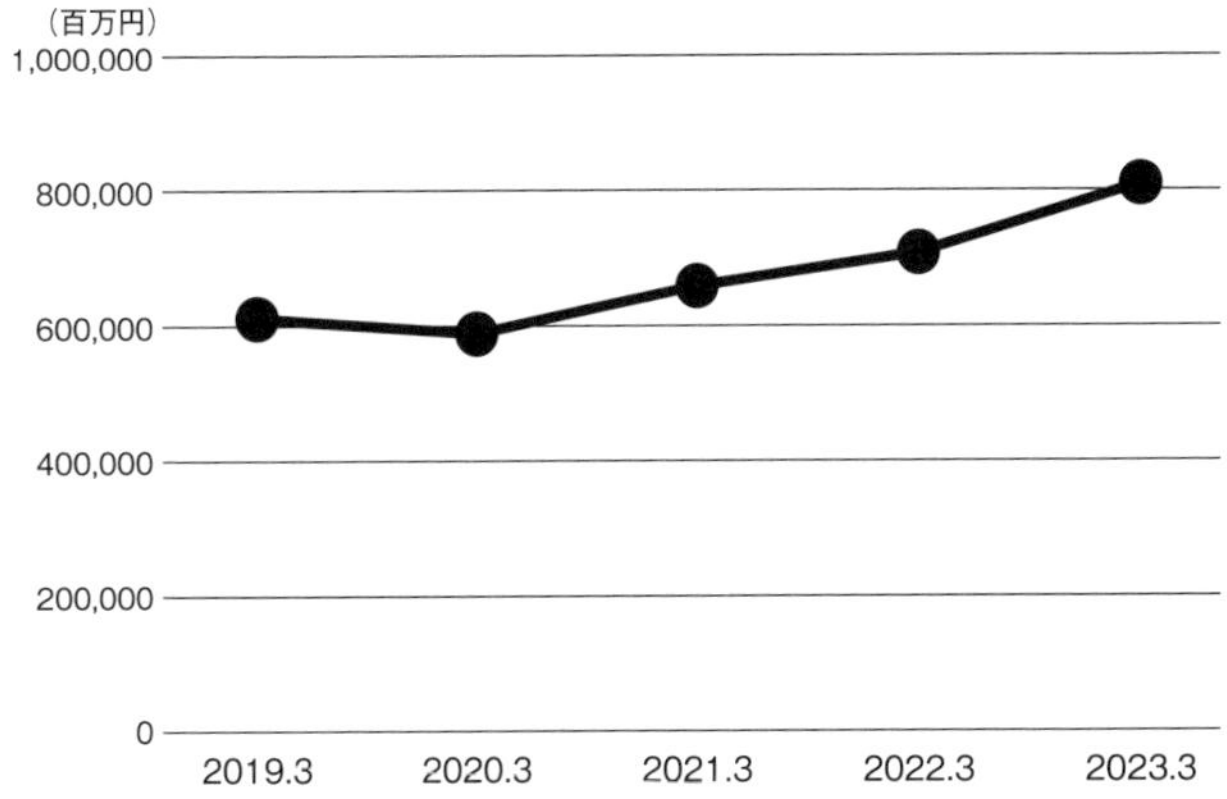

第5章

やはり元凶は財務省

消費税の「本丸」は財務省

ここまで消費税を推奨してきた「代表的な奴ら」と、その理由をご説明してきた。

この章では消費税を企画立案し、強力に推進してきた**「ラスボス」**のことを追及したい。

消費税推進の「ラスボス」は、政治家ではない。

財務省である。

政治家が消費税を推進してきたように思っている方が多いかもしれないが、それは勘違いである。

政治家は、税金の詳細についてはわからない。だから財務省の言いなりになって、消費税を推進してきただけである。むしろ政治家は、消費税の導入や税率アップに何度も躊躇《ちゅうちょ》してきた。増税をすれば支持率が下がるからである。それを強引にねじ伏せて、消費税を推進させてきたのは、まぎれもなく財務省である。

なぜ財務省は、これほど消費税に固執し、推進してきたのか？

「国民の生活をよくするため」

「国の将来のため」

などでは、まったくない。

ざっくり言えば、**「巨大な権益」**を維持するためである。

彼らは、あきれるほど見事に「自分たちの権益のため」だけに、国を存亡の危機に陥れる悪税を推奨してきたのだ。

今の財務省というのは、一般の人が思うよりも、はるかに大きな権力、権益を持っている。おそらく平安時代の摂関家・藤原氏に匹敵するくらいである。

財務省は、実質的に「国の予算を決める権利」を持っており、しかも「徴税権」や「国政に口を出す権利」もある。**国を動かしているのは財務省の官僚**たちだといっていい。そして財務省の幹部たちには退職後、夢のような天下り生活が約束されている。

それらの強大な権益を維持していくためには、どうしても消費税が必要だったのである。

「なぜ財務省は強大な権益を持っているのか？」

「それを維持するためには、なぜ消費税が必要なのか？」

本章では、そのカラクリをつまびらかにしていきたい。

ラスボスはやはり財務省だ！

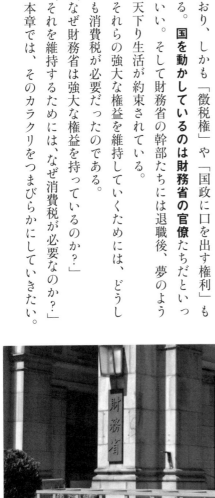

予算法の欠陥により大蔵省のパワーが膨張

本来、財務省というのは、国の「会計係」に過ぎない。

会計係というのは、お金の出し入れをチェックするだけである。

予算を決めるのは政治家の仕事であり、財務省は決められた予算を管理するだけの業務なのだ。

が、日本の財務省の場合、事実上「予算を決める仕事」もしている。これは、先進国としては、**異常な状態**である。先進国の中で、日本のように財務省が強いパワーを持っている国はない。日本の場合、ある特有の事情により、大蔵省（当時）が実質的に「予算を決める仕事」までも行うことになったのだ。

実は財務省（当時は大蔵省）は、昔から大きな力を持っていたわけではない。

戦前は、内務省（現在の厚労省と総務省）という官庁が圧倒的に強い力を持っていたし、もちろん軍部も力が強かったので、財務省は3番手、4番手程度の官庁に過ぎなかった。

しかし日本国憲法の「ある規定」のために、財務省の権力が異常に膨張してしまったのだ。日本の憲法では、「国の予算には国会の承認が必要である」とされている（第八十六条）。

そして国会では、予算の隅から隅まで検討することになっている。

実はこのルールが、財務省の存在を非常に大きくしてしまっているのだ。

戦前はそうではなかった。

戦前も一応、国の予算は帝国議会の承認を得る必要があった。が、各省庁の経常費用については自動的に認められることになっていたのだ。だから各省庁は、「何か特別な支出が必要なときだけ」帝国議会に承認を求めればよかったのだ。

が、戦後の憲法では、予算はすべて国会の承認が必要ということになった。だから各省庁は、毎年かかる費用をすべて一から算出し、内閣がそれを精査した上で国会に提出されることになったのだ。

しかも内閣も国会も政治家で構成されており、政治家というのは、予算の細かい内容のことまではわからない。必然的に各省庁の予算を精査するのは、大蔵省（現・財務省）の仕事となった。

つまり大蔵省が各省庁の予算計画を精査し、「これはよし」「これはだめ」などと指示するようになったのだ。そのうち権力が増大し、

「大蔵省以外は省庁ではない」

とさえ言われるようになったのだ。

高度成長により大蔵省の存在がさらに大きくなる

このように強大なパワーを持ってしまった大蔵省だが、高度成長期において、さらにそれが膨張することになる。

高度成長期というのは、日本経済が爆発的に成長していた時期である。必然的に、税収もうなぎ登りに増加した。予算をはるかに超える税収が入ってくるので、毎年のように減税が行われていた。

このとき、国には自由に使えるお金がふんだんにあった。そのお金の配分も、財務省（旧大蔵省）が中心になって行うようになったのだ。

「大きなお金を動かす」

ということは必然的に大きな権力が生じる。政治的な発言力も強くなる。各省庁の幹部たちや、地方の首長、民間企業の経営者など日本中のあらゆる分野のリーダーたちが、財務省に頭を下げるようになった。

このようにして財務省の存在は、日本の高度成長とともに急激に肥大化した。

そして、それはバブル期には頂点に達した。バブル当時の大蔵省は、汚職や官官接待などの不祥事があまりに多かったために国民の批判を浴び、解体されて「財務省」となった。

が、この解体は、ただの「看板の付け替え」に過ぎなかった。

財務省の持っている権限は、ほぼそのまま保持された。国民は大蔵省がどういう権限を持っているかまでは知らない。それをいいことに一応、組織を解体したという建前を取りつくろいつつ、権限をそのまま引き継いだ財務省をつくったのである。

また「大きなお金を手にしたから財務省の存在が大きくなった」わけなので、財務省は、その権力を維持するためには、常に「大きなお金」を手にしておかなければならない。所得税や法人税は、政治家の都合で簡単に引き下げられてしまう。政治家がなかなか手を出せないような安定税収を確保しなければならない。

そのため財務省には消費税が絶対に必要だったのである。

財務省のキャリア官僚も消費税利権を持っている

ここまで読んで来られた読者の中には、こういうふうに思った方もいるのではないか。

「財務省は、なぜ消費税に固執し、消費税増税のために大きな力を注いできたのか？」

「消費税が大企業や富裕層を潤し庶民を苦しめることはわかった。が、なぜその消費税と財務省の権益が結びつくのか？」

もちろん、この疑問についても明確な理由がある。

まず最初に念頭に置いていただきたいのは、**財務省のキャリア官僚にとっては、「消費税は実利がある」**ことである。消費税が増税されることによって、間接的にではあるが、大きな利益を手にするのである。

なぜなら大企業と財務省は、根の部分でつながっているからである。

ただ財務省といっても、財務省の職員すべてのことではない。財務省の**「キャリア官僚」**のみの話である。

なぜ財務省のキャリア官僚が、消費税の増税で利益を得るのかというと、それは彼らの**「天下り先」に利をもたらす**からである。天下り先が潤《うるお》うことで、財務省のキャリア官僚たちは、間接的に実利を得るのである。

財務省のキャリア官僚のほとんどは退職後、日本の超一流企業に天下りしている。三井、三菱などの旧財閥系企業グループをはじめ、トヨタ、JT（日本たばこ産業）、各種の銀行、金融機関等々の役員におさまるのだ。しかも彼らは数社から「非常勤役員」の椅子を用意され、ほとんど仕事もせずに濡《ぬ》れ手に粟《あわ》で大金を手にすることができるのだ。

財務省キャリアで、事務次官、国税庁長官経験者らは生涯で8億〜10億円を稼げるとも言われている。

このあたりの事情は、ネットや週刊誌を見ればいくらでも出てくるので、興味のある方は調べていただきたい。

つまり財務省キャリアたちは将来、必ず大企業の厄介《やっかい》になる。そのため大企業に利するのは結局、自分たちに利することにつながるのである。

官僚の天下りは、昔から問題になっていたことであり、何度も国会等で改善策が施されたはずである。官僚の天下りはもうなくなったのではないかと思っている人もいるはずだ。

確かに財務官僚以外のキャリア官僚たちの天下りは、大幅に減っている。が、財務官僚の天下りだけは、今でもしっかり存在するのだ。

なぜ財務官僚だけが、今でも堂々と天下りをしていられるのか？

実は、現在の**天下りの規制には抜け穴が存在する**のである。

現在の公務員の天下り規制は、「公務員での職務で利害関係があった企業」が対象となっている。が、この「利害関係があった企業」というのが、非常に対象が狭いのである。

たとえば、国土交通省で公共事業の担当だった官僚が公共事業をしている企業に求職をしてはならないという感じである。が、少しでも担当が違ったりすれば、**「関係ない」**ことになるのだ。

また、バブル崩壊以降の長い日本経済の低迷により、企業たちも天下り官僚を受け入れる枠を減らしてきた。だから、官僚の天下りは相対的には減っている。

しかし、財務官僚だけはブランド力が圧倒的に強いために、天下りの席はいくらでも用意されるのである。詳しくは後述するが、財務省というのは、一般の人が思っているよりはるかに大きな国家権力を持っている。財政だけじゃなく、政治や民間経済にまで大きな影響を及ぼしているのだ。**日本で最強の権力を持っている**とさえいえる。

そのため、その権力をあてにして、大企業が群がってくるのだ。

しかも企業にとって、財務官僚の天下りを受け入れるということは、税金対策にもなるのだ。これも詳しくは後述するが、財務省は国税庁を事実上の支配下に置いており、徴税権も握っている。そのため各企業は、税金において手心を加えてもらうために、競うようにして財務官僚の天下りを受け入れているのだ。

大企業が消費税によって潤うということは、これまで述べてきた通りである。だから、その大企業に天下りする財務省キャリアたちも間接的に潤うのである。

財務省の持つ巨大な国家権力

大企業が財務省キャリアの天下りを受け入れるのは、財務省が強大な権力を持っているからだ。

あまり語られることはないが、日本の財務省というのは、先進国ではあり得ないほどの権力集中状態になっているのだ。

財務省は、まず予算を握っている。これだけでも相当な権力である。

また財務省は財政面だけじゃなく、政治面にも非常に大きな権力を持っている。

政治がらみの重要なポストをすべて握っているからだ。

総理秘書官の中でもっとも重要なポストである筆頭秘書官は、財務省の指定席になっている。筆頭秘書官は、総理に四六時中付き添って政策のアドバイスを行っている。そのため総理は、どうしても財務省寄りの考えになってしまうのだ。

官邸の司令塔的役割の官房副長官補も、財務省からの出向者となっている。重要閣僚の秘書官など、すべての重要ポストは財務省が握っているのだ。

しかも、これにプラスして国税庁までも握っているのだ。

国税庁は建前の上では、財務省から独立した地位にあることになっている。

国税庁側は、「国税庁と財務省は、独立した緊張関係にあり、決して従属の関係ではない」などと言っている。が、これは詭弁も甚《はなは》だしい。

人事面を見れば、国税庁はまったく財務省の支配下にあることがわかる。

まず国税庁トップである国税庁長官のポスト、これは財務省のキャリア官僚の指定席なのである。そして国税庁長官だけではなく、次長、課税部長も財務省キャリアの指定席だ。

国税庁長官、次長、課税部長の3職は、国税庁のナンバー3とされている。だから国税庁ナンバー3はいずれも、財務省のキャリアで占められているのだ。

他にも強大な権力を持つ、調査査察部長や、東京、大阪、名古屋など主要国税局の局長も、財務省のキャリアが座っている。

これを見れば、どう考えても**「国税庁は財務省の子分だ」**となるはずだ。

財務省を支配する「財務省キャリア官僚」とは?

このように強い権限を持つ財務省であるが、では財務省は誰が支配しているのか?

これまで何度か触れてきた「キャリア官僚」である。

財務省は大勢の人員がいるが、財務省の権限を握っているのは、ごく一部のキャリア官僚なのである。ここで、キャリア官僚について少し説明したい。

日本の官僚組織に入るには、大まかに言って3種類のルートがある。高卒程度の学力試験で入るルート、短大卒程度の学力試験で入るルート、大卒程度の学力試験で入るルートである。この中で大卒ルートで入るのが、キャリア官僚である。

この試験は非常に狭き門であり、大卒程度の学力試験とは言うものの、競争率が高いので超一流大卒程度の学力を必要とする。

だから東大出身者の割合が異常に高い。

キャリア官僚というのは、国家公務員全体で１％ちょっとしかいない。キャリア官僚は本省勤務、海外留学、地方勤務、他省庁への出向などを経て、ほぼ全員が本省課長クラスまでは横並びで出世する。その後、出世レースで落ちていく者は、省庁の地方分部局、地方公共団体、外郭団体の幹部職員などになる。20代後半で係長、30代半ばで課長補佐、40歳までに課長、50歳には早期退職して天下りをする。

ノンキャリアは、どんなに頑張っても定年までに課長補佐になれるかどうかというところである。

マスコミなどのキャリア批判を受け、近年では、ノンキャリアから課長に抜擢される人数が増えているが、全省庁で１００～２００名と微々たるものである。

そのキャリア官僚の中でも、さらにエリートとされているのが財務省のキャリア官僚なのである。

財務省のキャリア官僚というのは、財務省、国税庁を合わせても８００人程度しかいない。財務官僚全体の１～２％という超エリートなのだ。

旧国家公務員Ⅰ種試験に受かった場合、事実上、成績上位順に省庁が選べるようになっていた。1位の人は財務省に行く。上位10位までの者も、ほとんどは財務省か、法曹界に行く。

ちなみに国家公務員Ⅰ種試験に受かったものの多くは、司法試験にも受かっている。そのため法曹界に行く者もいるのだ。

国家公務員試験の制度は、2012年から大幅に改正され、これまで国家Ⅰ種とされていたものが「総合職試験」、Ⅱ種、Ⅲ種とされていたものが「一般職試験」となった。また「総合職試験」には、大学院卒を対象とした「院卒者試験」なども導入している。採用試験には、政策企画立案能力、プレゼンテーション能力を検証する「政策課題討議試験」なども導入されている。

人事院は、「キャリアシステムと慣行的に連関している採用試験体系を見直し、能力、実績にもとづく人事管理への転換をはかる」としている。

が、どれほど表面的なことを変えたところで、本質を変えないと意味はない。財務省の幹部は、相変わらずキャリア官僚で占められており、当然のことながら財務省事務次官、国税庁長官などの重要ポストも、キャリア官僚が占めている。

「国は財務省のためにあり、財務省はキャリア官僚のためにある」

という状態はいまだにまったく改善されていないのだ。

財務省が「徴税権」を握るという危険

財務省が国税庁を握っていることは、実は非常に危険なことなのだ。

財務省は、日本国の予算を握っている。

建前の上では、国の予算を決めるのは国会であり、国会議員たちがその策定をすることになっている。

しかし国会議員のほとんどは、予算の組み方などわからない。だから実質的に、財務省が策定している。これは自民党政権であっても、他の政権であっても変わりはない。

国家予算を握っているということは、莫大なお金を握っているということだ。だからこそ財務省の権力は大きく、他の省庁や経済界などからも恐れられているし、民間企業は天下りを受け入れている。

これに加えて、事実上**「徴税権」**までも持っているのだ。

「徴税権を持つ」

これは予算権限を持つのと同等か、それをしのぐような強力な国家権力である。

財務省は国の柱となるような二つの巨大な権力のうち、二つとも手中にしているのだ。

このような巨大な権力を持つ省庁は、先進国ではあまり例がない。

国税庁は、国民全部に対し、「国税に関することはすべて調査する権利」を持っている。国民にはこれを拒否する権利はない。

このような強大な「徴税権」を、予算権を持っている財務省が握っているのだ。

実は、これは非常に恐ろしいことでもある。

「予算というエサをばら撒くことで言うことを聞かせる」ことのほかに、「徴税検査をちらつかせて言うことを聞かせる」ことができるのだ。

これでは**国民も企業も、財務省の言うことを聞くしかなくなる**、というものである。

財務省の権力維持のための安定財源

財務官僚がこの強大な権力を維持していくためには、「安定財源」が欠かせない。ここで言う「安定財源」とは、「国民が無理なく持続的に払える税金」という意味ではない。「国民が苦しかろうと国の将来がどうなろうと、とにかく一定の税収を確保する」という意味での安定財源である。

「お金を持っているからこそ、周りの奴が言うことを聞く」

だから安定的な税収の確保は、財務官僚にとっては至上命題なのである。

財務省が強力に消費税を推進してきた理由もここにある。

というのも所得税、法人税は安定財源としては、あまりあてにできないのだ。なぜかというと、所得税や法人税は、国会議員が選挙のたびに、国民の機嫌を取るために減税を約束する。選挙のたびに減税されていては、とても安定財源としては成り立たない。しかも所得税や法人税は、景気に左右される。

なので財務官僚たちは、消費税を求めるようになったのだ。

消費税はシステム上の問題もあり、一度つくったらあまり増減できない。選挙のたびに、政治家にいじられることも少ない。

また消費税は、景気にかかわらず一定の税収が見込まれる。景気が悪くても、国民は生活をするために一定の消費をするからである。

だから**財務官僚にとって消費税は都合がいい**のだ。

財務官僚は日本の将来のこと、経済のこと、格差社会の問題など一切考えず、ただただ安定財源を得る、というそれだけのために、消費税を推奨してきたのだ。

目先の自分たちの利益しか考えていない。日本の官僚とはそういうものである。筆者も元官僚だから、その体質はよく知っている。

消費税を導入したり、増税すれば、格差社会がもっとひどくなることは、財務官僚たちもうすうす感じている。

でも、それは自分たちには関係ないと思っているのだ。自分たちの仕事は、安定財源を確保する、だけである。それをまっとうすることに全力をかたむけ、ほかのことは考えない。

財務官僚たちは、国民に消費税をいい税金だ思い込ませるために巧妙なプロパガンダを行った。

というのも消費税が導入される前に、「売上税」という税金が計画されていた。しかし、これは、国民の大反対に遭い、新聞、テレビなどもこぞって大反対したために、つぶされてしまった。

そのため当時の大蔵省（現財務省）は考えたのである。

「なんとかして消費税がいい税金であることを国民に知らしめたい」と。

そこで長い時間をかけて消費税というのが、いかにいい税金かと宣伝してきたのである。

「先進国の中で、日本の消費税が一番安い」

というお決まりのフレーズ（でたらめ）も、この財務官僚たちの〝**努力の賜物**〟である。

でも繰り返し言うが、財務省の官僚は、日本経済のことを考えて消費税を推奨したわけじゃなく、あくまで安定財源を得るためだけに消費税を推奨してきたのだ。

財務キャリアの無能の象徴が「消費税」

財務キャリアが、いかに視野が狭く無能であるか？

それをもっとも顕著に表わしているのが、消費税だといえる。

消費税には、税を少しでもかじった者ならば、欠陥だらけというのがわかっている。国税職員の多くも、消費税の導入時にその欠陥に気づいていた。

しかし消費税は当時の大蔵省（現財務省）のキャリアたちが、強引に推し進めて導入してしまった。もし税務行政において、現場の職員たちの声を反映させるシステムがあれば、消費税は絶対に導入されなかったはずだ。

実は消費税は、大蔵省のキャリア官僚がフランス旅行中にフランスの間接税を見て思いつきでつくった税金なのである。これは税務の世界では有名な話である。

しかしこの官僚は、肝心なことを見落としていた。フランスと日本の実情はまったく違うことだ。フランスは消費税をとるけれども、社会保障が非常に充実した国なのである。フランスは、自国のライフスタイルに合った税金を長年かけてつくってきたのだ。

それをそのまま、日本に当てはめられるわけはないのだ。

また、フランスと日本では物価が違う。

消費税の最大の欠点は物価が上がることである。消費税をいくらかけても、物価が上がらないのなら、これほどいい税金はない。しかし消費税をかければ物価が上がり、国民生活に影響を及ぼす。だから物価のことを考えずに消費税を考えることはできないのだ。

フランスは高率の間接税がかかっているが、日本より物価が安い。つまり間接税をかけてもダメージをあまり受けない状況にあったのだ。

しかし日本ではそうはいかない。消費税をかける前から、すでに世界一物価が高いとされているのだ。この上さらに消費税を導入したらどうなるか、その後の国民生活にどんな影響が出るのか、そういう点にはほとんど配慮がされていなかったのだ。

発案者の大蔵省キャリアが、いかに視野が狭かったか、思慮が浅かったか。そして、そういう人物に、強大な権力を与えてしまった今の日本の官僚システムがいかに弊害の大きいものであるか、という結論である。

「消費税を19%に」財務省の野望

このように非常に視野の狭い、思慮の浅い財務官僚なのだが、こともあろうに、今後さらに消費税の増税を企てている。2018年、朝日新聞に興味深い記事が出ていたので、まずそれを読んでみてほしい。

「消費税19％に」　OECD事務総長、麻生氏に提言（2018年4月13日　朝日新聞配信）

経済協力開発機構（OECD）のグリア事務総長は13日、麻生太郎財務相と会談し、日本の消費税率は将来的に、OECDの加盟国平均の19％程度まで段階的に引き上げる必要がある、と提言した。財務省によると、OECDが文書で19％という具体的な水準を示したのは初めてという。

2019年10月に予定される消費税率の10％への引き上げについて、グリア氏は「適当だ」と話し、麻生氏は「予定通り引き上げられるように努力したい」と応じたという。

この記事を読まれた方は「OECDから勧告まであったのだから、やはり日本は消費税を上げるべきなのだろう」と思うだろう。

しかし、騙《だま》されてはならない。

OECDは一応、国際機関ではある。

しかし日本の財務省はOECDに対し、強い影響力を持っているのだ。

日本のOECDへの拠出金はアメリカに次いで第2位である。そして、事務方トップである OECD事務次長には、日本の財務省出身の武田良樹氏（森友学園問題で自殺者をだした近畿財務局長）が就任している。

本来、国際機関は日本の消費税などに関心はない。

なのに、なぜわざわざOECDが日本に勧告をしたのかというと、日本の財務省がOECDに働きかけて、日本に勧告を出させたのだ。

つまり財務省は日本国内の不満を抑えるために、**「国際機関から勧告があった」**という形をとろうとしたのだ。

財務省のキャリア官僚は、思慮が浅いくせに**悪知恵だけはしっかり働く**のだ。もちろん、消費税を19%にすれば日本は壊滅状態になるだろう。というより、今のまま行けばいずれ日本は壊滅してしまうのだが、それを大幅に早めることになるだろう。

財務キャリアは、本当に日本のために**迷惑な存在**なのである。

税金の無駄遣いを招く「財務省の権力集中」

財務省への権力集中は、税金の巨大な無駄も招いている。

現在の国家予算の決め方では、税金の使い道はすべて1円単位で内閣が予算案を提出し、国会が精査するという建前になっている。そして国会も内閣も予算の詳細をチェックする能力はないので、事実上、財務省がそれを行っている。

各省庁は、1円でも多く予算を獲得するために、あの手この手で財務省に働きかける。

もちろん、その際には必要なお金以上に「盛った案」を提出することになる。削られるかもしれないので、あらかじめ多めに請求するわけだ。

各省庁では勤勉な官僚ほど日夜、予算獲得に奔走《ほんそう》している。予算がつきやすいような都合のいい言い訳を考え、財布のひもを握っている財務官僚とのコネクションをつくる。

また一度予算がついたら、必ずそれを全部使ってしまう。予算を残すと、次の年は予算を削られてしまうからだ。各省庁にとって、それは**絶対悪**なのである。

筆者は国税にいるとき、会計に関する業務を担当したことがあるが、これは曲芸のような仕事だった。

予算は絶対に使い切らないとならない。かといって絶対にオーバーはできない（オーバーしようにも役所には予算以上の金は入ってこない）。何億もの雑多な予算を、1円の狂いもなくぴったり使ってしまわなければならないのだ。

これは現実的にありえないことである。予算は、年度前にあらかじめかかるだろう経費を元に算定する。しかし一年間にかかる正確な経費が事前にわかるはずがないのだ。だから、さまざまな細工をして辻褄《つじつま》を合わせるわけである。

また年度の途中で何かお金が必要な状況が生まれても、それには対応できない。だから、**「必要な仕事が必要な時期にできない」**という現象が生まれるのだ。

つまり今の国家会計システムでは、各省庁は「いかに多くの予算を獲得するか」「いかにそれを全部使い切るか」という方向にしか仕事が進まないのである。これでは、予算が膨張するばかりなのは目に見えている。省庁として効率的な運営もできない。

また国の予算全体を毎回毎回チェックする建前になっているので、必然的に一つ一つのチェックはおざなりになる。そのため新たに大幅に追加された予算など、重要な部分のチェックがおろそかになり、大きな税金の無駄が発生するのだ。

「各省庁にはあらかじめ必要な予算を割り振り、それは各省庁で自由に使わせる。そして予算が余れば、ある程度はプールしてもいいようにしておく。さらに通常以外の特別なお金の部分だけを、国会などで審議する」

そういう形にしなければ、**国家運営の非効率さは改善できない**。

というより今のような「予算の全部をチェック」するような非効率なことをやっているのは、先進国では日本くらいなのである。

「1円の無駄もないようにすべてをチェックする」

という非現実的なシステムが巨大な無駄を生み、財務省への異常な権力集中を招いているのだ。

なぜ大学の授業料が12倍に?

現在の予算の決め方が、いかに不合理で非効率なものか、象徴的な例を挙げておきたい。近年、日本の大学の授業料が激増していることをご存知だろうか?

国立大学の授業料は、昭和50年には年間3万6000円だった。しかし平成元年には33万9600円となり、平成17年からは53万5800円にまで高騰しているのだ。40年の間に、12倍にふくれ上がったのだ。

つまり少子高齢化が進むとともに、大学の授業料も跳《は》ね上がってきたのだ。政治家や官僚は、やっていることがまったく逆なのである。

この日本の大学の授業料は、先進国の中でもっとも高い。イギリスやアメリカも同程度だが、イギリス、アメリカは奨学金の制度が整っているため、日本に比べて低所得者層が進学できる割合が高い。実質的に日本の大学授業料は世界一高いのである。

その結果、現在、90万人以上の大学生が「有利子の奨学金」を受けて学校に通っている。この「有利子の奨学金」というのは、どんな状況であろうと必ず返済をしなければならないので、ローンと変わらない。この「有利子の奨学金」を受けている90万人以上という数字は、大学生の半数に近い数字である。

日本は大学進学率は60％程度であり、先進国の中では低いほうである。隣国の韓国は90％以上である。少子化で子供は少なくなっているはずである。しかも決して進学率は高くない。にもかかわらず、その少ない大学生の授業料さえ国家はきちんと賄っていないのだ。

またなぜ授業料がこれほど高騰したかというと、表向きの理由は、「財政悪化」である。少子高齢化で社会保障費がかさみ財政が悪化したために、各所の予算が削られた。その一環として、大学の授業料が大幅に値上げされたのだ。

現在、大学に支出している国の歳出はわずか1兆8000億円に過ぎない。

その一方で景気対策費として、国の新しい事業や企業の補助金などのために毎年平均して20兆円以上の金額が支出されている。景気対策費というのは、不要不急のお金ではない。

そして、いろんな業界の利権がからむ支出である。

そういうところに20兆円もの莫大な支出をしているのに、大学の通常費用は削減に削減を重ねているのだ。

大学の授業料をこれだけ激増させておいて、何が景気対策だということである。

今、国は何を差し置いても、**子供を育てる環境のためにお金を使わなければならない**はずだ。にもかかわらず関係者の利権を最優先し、子供の教育費を削っているのである。

これを見ても日本の財政システムが、末期症状だということがおわかりになるはずだ。

第6章

財源はいくらでもある

消費税の代わりの財源はいくらでもある

ここまで読んで来られた方の中には、こういうふうに思っている人もいるだろう。

「消費税が欠陥なのはわかった。消費税がいろんな利権に結びついているのもわかった。でも財源はどうするのだ？」

が、**財源はいくらでもある**。

第1章で述べたように、消費税を創設してから、法人税や高額所得者の所得税は大幅に下げられている。それをもとに戻せば、十分すぎるほどの財源となるのだ。


まず法人税を消費税増税前の税率に戻せば、どうなるか見てみよう。

政府発表の企業統計調査によると、平成元年の企業の経常利益は約40兆円である。現在、日本の企業の経常利益は約84兆円である（２０１９年）。

つまり日本企業の経常利益は、平成の30年間で倍増しているのである。

そして平成元年の法人税の税収は19兆円だった。もし法人税の税率を平成元年と同じに戻せば、単純計算で38兆円の税収が得られることになる。現在の法人税収は13兆円程度なので、25兆円もの税収増となるのだ。

現在の消費税の税収は18兆円程度であり、10％に増税しても22兆円程度だと見られている。だから消費税分をまるまる補《おぎな》えることになる。**法人税の税率を平成元年当時のものに戻せば、消費税の増税中止どころか廃止してもおつりがくる**のだ。

また高額所得者の所得税についても同様である。

国民所得も、平成元年当時の比べると20％程度増加している。サラリーマンの平均給与は20％下がっているが、サラリーマン以外の人の収入も合わせると逆に20％も増えているのだ。特に、配当所得者などの収入が激増している。

こういう人たちに、平成元年当時の税率をしっかりかければ（抜け穴をふさげば）概算で20～30％程度の税収増が見込まれる。額にして、4～6兆円である。

つまり、**法人税と所得税を平成元年当時の税率に戻せば、二つ合わせて30兆円以上の増収が見込まれる**のだ。これは消費税を廃止しても十分におつりがくるほどの額なのだ。

法人税、富裕層の所得税を増税しても景気にはまったく影響ない

「法人税や高額所得者の所得税を増税すれば景気が悪くなるじゃないか」

と思っている人もいるかもしれない。

しかし、そんな心配は不要である。

「法人税、高額所得者の所得税」と消費税を比較した場合、どちらが景気に対する影響が大きいかというと断然、消費税なのである。

消費税は、消費に打撃を与える税金である。

国民の購買力が消費税分だけ下がるわけだから、当然、消費は落ち込む。

消費は、景気の原動力である。消費税をかければ、景気が悪くなるのは当然である。これは、理論的にもそう言えることであるし、現実にもそうなっている。

思い起こしていただきたい。

バブル崩壊後の失われた30年と言われる日本経済の低迷期と、消費税の導入はまったくリンクしているのである。消費税の導入と税率アップのたびに、消費は冷え込んできた。何度か触れたように２００２年には一世帯あたりの家計消費は３２０万円を超えていたが、現在は２９０万円ちょっとしかない。

そして消費が減り続けていることが、**日本経済がいつまで経っても閉塞感《へいそくかん》から抜け出せない最大の要因**なのである。

消費税は、この弱い弱い日本の「消費」を狙い撃ちにした税金なのである。消費税を増税することが、いかに愚《おろ》かなことかわかっていただけたはずだ。

一方、法人税や高額所得者の所得税というのは、「会社の儲け」や「所得の高額部分」にかけられる税金である。これが上げられたとしても、会社の内部留保金や富裕層の貯蓄が若干減るくらいである。というより現在の内部留保金や富裕層の預貯金の増え方を見れば、多少税金を上げても減ることにはならない。「増え方が鈍《にぶ》る」程度のものである。

内部留保金や富裕層の預貯金の増え方が若干鈍ったところで、景気にはまったく影響がない。法人税や富裕層の所得税は、「儲かっていない会社」や「低所得者」には関係ないので、国民の負担感はほとんどないのだ。

企業はありあまるほどの内部留保金を持っている

「消費税の代わりに法人税を上げるべき」なのは、企業の統計数値から見ても、明白なことである。

現在、日本の企業は、内部留保金（貯金）を天文学的に増やし続けている。2021年末の時点で、**内部留保金は500兆円**を超えている。この14～15年で倍以上にふくれ上がっているのだ（2021年度末の全企業の内部留保金は516・5兆円）。

500兆円という金がどの程度の金額か、一般の人には想像ができないだろう。**国の税**

収の6〜7年分にも及ぶのだ。これは断トツの世界一であり、アメリカ企業よりもはるかに大きな額なのである。

これを見ても、今の日本の企業にもっと税金を課すべしというのは、ごくごくまっとうな考えのはずである。というより日本の法人税を下げすぎたので、これほど内部留保金が溜《た》まったのだ。

第1章で述べたように日本の法人税は名目の税率はかなり高いが、さまざまな抜け穴があるために、実質の税負担はかなり低い。

それを如実《にょじつ》に物語っているのが、この内部留保金の多さである。

この日本企業の内部留保金の多さというのは、**実は日本経済を大きく蝕《むしば》んでいる**のだ。経済というものは、社会の中でお金が還流することで、活性化するのである。一か所にお金がとどまっていると、社会のお金の流れが悪くなる。当然、景気が悪くなる。

「内部留保金は設備投資に充てられているお金もあるから、多すぎても悪いことはない」と反論する人もいる。しかし、日本の場合は儲かったお金を貯め込むばかりなのだ。

今、日本では日銀の「異次元金融緩和」により、無理やりお金を社会に注入している。だから表面上の景気はよくなっている。が、日銀がいくらお金を注入しても、企業の中で溜まり続けているので、結局、国民生活はまったくよくならない。昨今、史上最長の好景気記録が出たそうだが、**ほとんどの日本人は実感できていない**はずである。

この日本企業の多すぎる内部留保金を減らすためにも、消費税ではなく、法人税を増税すべきなのだ。

富裕層の資産もふくれ上がっている

企業と同様に、富裕層の資産もふくれ上がっている。

だから**富裕層の所得税を上げても、まったく問題ない**のである。

日本銀行の統計によると、2023年の時点において、**個人金融資産は2000兆円を超えている**。これはアメリカに次いで世界第2位である。また資産から負債を差し引いた国民純資産は、断トツの世界一である。このふくれ上がった資産に税金をかけずに、どこにかけるのかということである。

個人金融資産が2000兆円ということは、生まれたばかりの赤ん坊から百歳以上の老人まですべての人が、金融資産を平均で1500万円以上も持っていることになる。

三人家族であれば4500万円以上、四人家族であれば6000万円以上の金融資産を持っていることだ。大半の人は**「自分はそんな金融資産は持っていない」**と思うはずだ。

日銀の金融広報中央委員会が発表した2017年の「家計の金融行動に関する世論調査」

では、二人以上の世帯で預貯金がゼロの家庭は、30・9％にも達している。このデータは、一人暮らしの人は含まれておらず、一般的に一人暮らしの人の貯蓄率は、二人以上の世帯よりも低いと見られ、この数値はさらに上がると推測される。また国民の大半は、平均値からかなり下回った金融資産しか持っていない。

その一方で、何度か触れたようにミリオネアが激増している。

つまり、ふくれ上がったこの金融資産は、一部の富裕層に集中しているのである。しかも個人金融資産はバブル期以降、激増しているのだ。

バブル期の1990年の段階では、個人金融資産は1017兆円だった。が、現在は2000兆円以上に達しているのだ。

30年の間に、倍増しているのだ。

1年あたりに換算すると、約28兆円ずつ増加していることになる。

もし、この28兆円の中から、所得税として年間5兆円を差し引いたとしても、まだ23兆円も増加分があるのだ。10兆円差し引いても、全然余裕である。頑張れば20兆円くらいまでは差し引くことができる。

つまり富裕層には年間20兆円程度の増税をしても構わないほどの潤沢《じゅんたく》な**「担税力」**があるのだ。

「ここに税金をかけないでどこにかけるのだ？」ということである。

「直間比率」に騙されるな！

「日本は間接税の割合が低い」

「だから増税するなら消費税」

消費税推進派の人たちはよくこういうことを言う。

が、騙《だま》されてはならない。

そもそも「直間比率」など、本来は税務の上でまったく重要な要素ではないのだ。

たとえばアメリカなどは国税はほとんどが直接税であるし、地方税でも主流は直接税であり、間接税がほとんどない州も少なくない。

税金というのは、その国の経済状況、国民生活に合っているかどうか、負担が重くなっていないかなどがもっとも重要なものなのである。

それを考えたとき、日本の場合、国民の大半の給料は下がり、消費も下がりっぱなしなので、消費税は一番悪い税金なのである。その一方で、企業は内部留保金を天文学的に積み上げ、億万長者が激増しているのだ。日本で増税するのであれば、法人税や高額所得者の税金にするべきというのは、中学生でもわかる話だ。

直間比率などという言葉を普及させたのは、大蔵省（現財務省）のキャリア官僚たちである。１９８７年に国会に提案された売上税が世論によってつぶされたため、次に出した消費税法案を、大蔵省はどうしても通したかった。

そのため税務行政で大して重要ではない「直間比率」という言葉を持ち出し、あたかも日本の税制が間違っているイメージをつくり出したのである。

現在の日本の経済状況や富の偏在ぶりを見れば、国民全体に負担させる消費税がいかに危険なものか、わかるはずである。

前述したように現在、法人や富裕層は腐るほどの資産を持っているのだ。普通に目を開けてみれば、誰がどこからどうみても「消費税の増税」という回答は得られないはずだ。

億万長者が普通に社会保険料を払えば年金問題は解決する

また税金だけじゃなく、社会保険料も富裕層はもっと払うべきなのである。

今、国民の多くは、社会保険料の高さに苦しんでいる。社会保険料は年々上がり続け、税金と社会保険料を合わせた**負担率は40％以上**にのぼっている。これは**実質的に世界一高い**といえる。

「日本は少子高齢化社会を迎えているのだから、社会保険料が高くなるのは仕方がない」

国民の多くは、そう思って我慢《がまん》しているはずだ。

しかし、あまり知られていないが億万長者（1億円以上の収入がある者）の社会保険料の負担率は、わずか2%以下なのである。

現在の社会保険料は、原則として収入に一律に課せられている。たとえば厚生年金の場合は約8%である。

しかし社会保険料の対象となる収入には上限がある。

たとえば厚生年金の場合は月62万円である。

月62万円以上の収入がある人は、いくら収入があろうが、62万円の人と同じ額の保険料しか払わなくていい。となると、毎月620万円もらっている人の保険料というのは、0・8%になる。普通の人の10分の1である。

つまり社会保険料というのは一定の収入を超えれば、収入が多ければ多いほど、社会保険料の負担率は下がるのだ。

なぜこんなことになっているか？

社会保険料の掛け金があまり多くなると、見返りが少なくなるというのが、表向きの理由である。

しかし、そもそも社会保険料というのは「国民全体の生活を保障するために、各人が応分の負担をする」ものである。

だから人によっては、掛け金よりもらえる金額が少なくなっても当たり前なのである。掛け金に応じて見返りがあるのなら、それは**社会保険ではなく、ただの金融商品**である。

だから富裕層の社会保険料率が低いというのは、絶対におかしいのだ。

現在の年金問題で、まず真っ先にやらなくてはならないのは、**富裕層の社会保険料の負担率を他の人と同じ率に引き上げる**ことである。

もし富裕層が普通に社会保険料を払えば、年金の財源などはすぐに賄えるのである。

国税庁の2017年の民間給与実態調査によると、サラリーマンで年金保険料の上限を超える人（年収800万円超）は9・3％もいるのだ。

これらの人が他の人と同率で年金保険料を払うならば、概算でも5～10兆円程度の上乗せとなる。

現在、年金保険料収入は25兆円前後なので、一挙に2割から4割増しになるのだ。

しかもこれはサラリーマンだけのことであり、自営業者や配当所得者、不動産所得者の社会保険料もきっちり上乗せすれば、10兆円を超える財源が確保できるはずだ。

これだけ社会保険料収入が上がれば、年金の財源問題はほとんど終息するのだ。

社会の恩恵をもっとも受けているのは富裕層なのである。彼らは日本の社会が安定し、順調に経済運営が行われているからこそ、富裕層になれたわけである。

だから社会保障に対して、相応の負担をしなければならないのは当たり前のことである。年金問題の解決には、まずは富裕層の社会保険料の負担を引き上げるべきである。ほとんどの国民は、それに異論がないはずだ。

消費税を廃止して富裕税を！

今の税制は、日本経済の現状からかなりはずれているものといえる。

昨今、財務省は、「所得」や「消費」にばかり税金をかけようとしてきた。バブル前後から日本は低所得者の所得や消費に対する税を強化してきたのだ。

現在、日本の税収の柱は、「法人税」「消費税」「所得税」である。これらの三つの税金は、すべて〝所得〟か〝消費〟にかけられるものだ（法人税は会社の所得にかかる税金なのである）。

しかし本来、税金というものは、〝所得〟や〝消費〟だけにかけるものではない。〝資産〟にかけることもできるのだ。そして資産に税金をかけることで、実はもっとも公平でもっとも大きな税収を得られるのである。

所得や消費は、国民生活に直結するものである。

所得税（低所得者の）を増税されれば、給料の手取り額が減る。そうなると、生活は苦しくなるし消費も減る。それがまた不景気を呼ぶ。

消費税でも同じである。消費税が上がれば、物価が上がる。同じ給料で物価が上がるなら当然、生活は苦しくなる。物が高くなると、消費額も減っていく。これも景気を冷え込ませてしまう。

しかし資産に税金をかければ、そういう国民生活への負担が最小限に抑えられる。

資産とは、所得から消費を差し引いたものだ。当座、必要なものではない、いわば予備のお金である。それを税金として徴収するのだ。消費にはまったく影響しないし、国民生活が苦しくなるわけでもない。

現在、日本の資産への課税は非常に少ない。相続税が機能していないだけではなく、相続税以外の資産課税もほとんど機能していないのである。

他の国々ではもっと資産にきっちり課税されている。たとえばアメリカなどは州税（日本の地方税）のほとんどは資産課税で賄われているのだ。

今の日本経済は所得や消費が減り、資産が異常に膨らんでいる。先進国と比較しても、所得や消費は高くないのに資産だけが大きい。それは低所得者の所得や消費にばかり税金をかけ、金持ちの資産に税金をかけてこなかったからでもある。

なぜ資産に税金をかけることはできないのか？

それは金持ちが抵抗してきたからである。資産に税金をかけるということは、金持ちに税金をかけるのとほぼ同意義である。

資産を持っているのは、だいたい金持ちである。資産に税金をかけようとすれば、金持ちがうるさい。あの手この手で政治家に圧力をかけて妨害する。

というより、そもそも政治家自身が金持ちばかりである。だから資産に対する課税は、これまでほとんど行われてこなかったのだ。

わずか1％の富裕税で消費税以上の税収になる

資産に対する課税で、現在の日本でもっとも有効と思われるのは富裕税である。

富裕税とは、余剰資産にかけられる税金である。フランスなど先進国の一部で導入されているもので、金持ちに対して直接、課税できる税金だ。アメリカでも検討されている。

たとえば「1億円以上の資産を持っている人に1％の税金をかけましょう」というような仕組みだ。1億円の資産を持っていない人に税金はかからない。

富裕税は資産にかかる税金なので、国民生活に直結するものではない。また富裕税は、金持ちにとっても、負担感はそれほど大きくはない。わずか資産の1％、最大限に増税したとしても、せいぜい2％程度である。1億円持っている人が、その1～2％を税金で払ったって、大勢に影響はないのだ。

そして富裕税というのは、わずかな税率で莫大な税収を生むものである。

日本には個人金融資産が2000兆円以上ある。不動産などと合わせれば、8000兆円の資産があるとされている。そして国民純資産（国富）は4000兆円近くあるとされている。国民純資産とは、国民の総資産から総負債を差し引いたものであり、純然たる国民の資産ということだ。

その多くを資産1億円以上の富裕層が握っているとみられている。これに1％の富裕税を課せば、概算でも40兆円の税収となる。資産の少ない人を課税免除するとして、その減収分を差し引いても20～30兆円は優に稼げる。

消費税10％の税収が20兆円なので、たった1％の富裕税で消費税10％以上の税収が稼げるのだ。

しかも富裕税を恒久的な税金にすれば、毎年この額の税収が得られるのだ。今の日本の財政問題は、これでほとんど片が付くし、中間層以下の人たちに大幅な減税もできるだろう。そうすれば、消費も上向く。

金持ちが所有する資産に、たった1％の課税をするだけで、日本の懸案事項はほとんど解決するのだ。

富裕税に関しては、日本でも戦後の一時期に導入されたこともあったし、その後も何度か復活が議論されたことがあった。しかし金持ちの反発が強く、現在は完全に忘れられた存在になっている。

しかし現在の危急の際だから、是が非でもこの富裕税を成立させるべきだ。金持ちが文句を言って来れば、多数決で締め上げればいいのである。

富裕税は相続税より負担感は小さい

しかも富裕税というのは、金持ちにとっても実は有利な税金なのである。富裕税の創設とともに相続税を廃止すれば、金持ちの実質的な負担感は減るのだ。

相続税と富裕税を比べれば、相続税のほうが負担は大きいのである。

現在の相続税は最高税率が55％である。相続というのは、だいたい30年に一度発生するので、資産家は30年に一度、財産の55％をとられることになる。しかし富裕税の場合は、毎年1％しかかからないので、30年間、毎年同額を払ったとしても30％にしかならない。富裕税のほうが25ポイントも割安なのである。

また富裕税は、相続税に比べれば実質的な負担感も非常に小さい。相続税は一度にごっそりとられるが、富裕税は毎年少しずつしかとられないからだ。

富裕税は言ってみれば「相続税の分割払い」ということなのだ。

「相続税の分割払い」といっても、税収は相続税の何倍にもなる。

相続税はあまりにも一度に多くとり過ぎるので、金持ちはあらゆる手を使って課税逃れを行っている。そのため日本では毎年莫大な遺産が発生しているにもかかわらず、相続税の税収はわずか2％程度に過ぎない。消費税の10分の1にしかなっていないのだ。

金持ちは、相続税を逃れるために海外に資産を移し子孫を海外に居住させたり、財団法人をつくったりしている。

しかし日本の場合は、同じ言語、文化を持つ地域というのは、国外にはほとんどないので海外に移住すること事はかなり不便であり、リスクも大きい。しかも日本の金持ちのほとんどは日本で収入を得ているので、なかなか日本から出ることは難しいし、そんな中で海外生活をするとなると、無駄な費用が相当にかかる。

それらの課税逃れには多くの手間を要するし、費用もかかる。年間1％程度の費用では済まないことが多い。

ということは、相続税を逃れる工作をするくらいであれば、1％の富裕税を払ったほうが早いということになるのだ。

富裕税には、いざというときの還付権を付与する

さらに富裕税の納税者に対しては、もし後に破産したり、収入の多くを失うことが起きた場合には、納税した額を還付する制度を作ればいい。その還付金には、若干の利子をつけてもいい。

たとえば10億円の資産を持つ人がいたとする。この人は毎年1000万円ずつ10年間にわたって合計1億円の富裕税を納めてきた。10年後のある日、事業が失敗して破産してしまった。この場合、国は1億円に利子をつけてこの人に還付するわけである。

そうすれば、金持ちにとって「富裕税を納めるということは将来の保障を得る」ことにもなるはずである。

「そんな制度を作れば、還付が続出し税収は増えないのではないか?」と心配する人もいるだろう。しかし、そんな心配は不要である。

というのも金持ちが破産する可能性は、非常に低いのである。金持ちが破産するケースよりも、新たな金持ちが生まれるケースのほうがはるかに多いので、税収が減る心配はまったくないのだ。

このように金持ちにとってもメリットが多々ある富裕税だが、金持ちというのは非常に

ケチなので、いろいろと難癖をつけて反対することも考えられる。その場合は「相続税をバブル期レベルに戻す」と金持ちを脅せばいい。そうしておいて、富裕税を創設を呼び掛ければ、金持ちは快く了承するはずだ。バブル期に戻せば、相続税は75％になる。それに比べれば、富裕税の1％など無きに等しい。もし反対するなら、本当に相続税をバブル期レベルに戻せばいいのである。

そもそも増税は必要なのか？

このように消費税を増税しなくても、今の日本には財源はいくらでもあるのだが、そもそも増税は必要なのか？

これについても、もっときちんと追及しておく必要がある。

現在、我々は、相当な額の税金や社会保険料を払っている。

平均的なサラリーマンの人で所得税がだいたい10％、住民税が10％である。つまり、税金だけで20％も取られている。そして、それに社会保険料、健康保険と厚生年金を合わせて約30％がかかっている。合わせて50％である。所得控除などがあるので50％とまではいかないが、それに近いような額は払わされているのだ。しかも、それにＮＨＫの受信料や公共料金などの「準税金」もある。高速道路料金など世界的に異常に高く、日本の公共料金は世界一高いとされている。

我々国民からすれば、こんなに払っているのに、まだ賄えないのか？　ということである。そして国の歳出に無駄がないかというと、まったくそうではない。

ちょっと調べただけでも、いくらでも無駄は発見できるのだ。

たとえば、社会保障費である。

日本では「少子高齢化のために社会保障費が激増している」と言われている。

そして、社会保障費が国の歳出の中でもっとも大きいとも言われている。

確かに日本の社会保障関連費は30兆円ちょっとであり、歳出の中ではもっとも大きい。

が、社会保障関連費の中で、もっとも多い支出は「医療費」なのである。高齢化社会のため、年金などにたくさんお金を出しているイメージがあるが、実際はそうではないのだ。

国が支出している医療費は、社会保障関連費のうちの3割以上を占めている。

この**「国が支出している医療費」については、首をかしげてしまうものが多々ある**。

たとえば「国が支出している医療費」の4割強、約5兆円が後期高齢者のための支出なのである。高齢者が増えたから医療費がかかっているという理由は理解できるが、それにしても多すぎる。

この後期高齢者医療費の細目を見ていくと、明らかにおかしい支出が目につくのだ。

というのも日本では寝たきり老人が200万人いると推計されている。これほど寝たきり老人のいる国は、世界中どこにもないのである。というより欧米の先進国では、医療機関などには「寝たきり老人」はほとんどいないのだ。日本が高齢者大国であることを考慮しても、この数値は異常値なのである。

なぜ日本にこれほど寝たきり老人がいるのか。その理由は日本の医療現場では、「とにかく生存させておくこと」が善とされ、点滴、胃ろうなどの延命治療がスタンダードで行われているからである。

自力で食べることができずに胃に直接、栄養分を流し込む「胃ろう」を受けている人は、2023年に20万人いると推計されている。

これらの延命治療は、実は誰も幸福にしていないケースも多々ある。寝たきりで話すこともできず、意識もなく、ただ生存しているだけという患者も多々いる。親族なども、もう延命は望んでいない場合であっても、日本では、いったん延命治療を開始すると、それを止めることが法律上なかなか難しいのだ。

「自力で生きることができなくなったら無理な延命治療はしない」

ということは先進国ではスタンダードとなっている。日本がこれをとり入れるだけで、医療費は大幅に削減できるはずである。

なぜ日本の病院は多いのか？

あまり知られていないが、日本は先進国の中では異常に病院が多い。

人口100万人あたりの病院数は日本は約67である。欧米の先進国の場合、もっとも多いフランスでも約52であり、アメリカなどは18しかない。つまり人口割合でみると日本はアメリカの3倍以上の病院があるのだ。

また病床数も、日本は先進国の中で断トツに多い。

なぜこれほど日本には病院が多いのか？　というと民間病院が異常に多いからだ。日本では、全体の9割が民間病院である。

そして、なぜ民間病院が多いのかというと、民間病院には税制優遇措置や、診療報酬の優遇措置などがあり、**「儲かるから」**である。

民間病院（開業医）がどのくらい金持ちなのかは、厚生労働省のデータでもわかる。厚生労働省の「医療経済実態調査」では、開業医や勤務医の年収は、近年、おおむね次のようになっている。


開業医（民間病院の院長を含む）　約3000万円

国公立病院の院長　約2000万円
勤務医　約1500万円

このように民間病院の経営医（開業医）は、勤務医の約1・5倍の年収である。またこの数値は名目上の収入であり、税制上の優遇措置が考慮されていない。これを考慮すれば、開業医の実質年収は平均で4000万~5000万円だと推測される。

また開業医は相続税などにも手厚い優遇制度があり、子供が病院を継ぐ場合、ほとんど相続税はかからない。「開業医の子供が何年も浪人して医学部を目指している」という話を聞いたことがある人もいるだろう。

それには、こういう背景があるのだ。

なぜ民間病院（開業医）がこれほど優遇されているのかというと、民間病院は「日本医師会」という強力な圧力団体を持っているからである。

日本医師会は日本で最強の圧力団体と言われているが、この団体は「医者の団体」ではなく、「開業医の団体」なのだ。この日本医師会は自民党の有力な支持母体であり、政治献金もたくさんしているので、とても強い権力を持っているのだ。

「寝たきり老人」や「胃ろう」の問題も結局、その要因は、「圧力団体の問題」にたどり着くのだ。

「寝たきり老人」や「胃ろう」の人を減らそうと法整備を行おうとしても、医療側が抵抗するのである。

一部の既得権益者が日本中を不幸にしている

財務省にしろ、経団連にしろ、新聞業界にしろ、日本医師会にしろ、現在の日本では、「強大な既得権益を持っている一部の者が、その権益を守るために日本全体を不幸にしている」という構図がある。

我々がまずしなければならないことは、これらの**既得権益を持っている奴らを大きい順に叩きつぶしていくこと**である。

そして既得権益を持っている人たちもぜひ真剣に考えてほしい。

あなたがたの目先の利益のために、日本をつぶしてもいいのか？

日本でこれ以上、少子高齢化が進み、格差が広がったら、日本は崩壊してしまう。崩壊はどうにか免れたとしても、どうひいき目に見ても、衰退は免れない。というより、現在もすでに相当、衰退している。

そして日本が衰退すれば、一番困るのはあなたたちだ。

あなたたちのほとんどは、日本で富を得てきた。日本以外から富を得られるのは、ごく少数の人たちのはずだ。

日本が崩壊すれば、あなたがたの生活も崩壊するはずだ。あなたがたの生活や財産を守るためには、日本を守らなければならないはずだ。

日本から多くの収入を得ているあなたたちこそ、日本の将来についてもっとも真剣に考えなくてはならないはずだ。

今のまま既得権益にしがみつき、この国を衰退に任せるのがいいのか、目先の利益ではなくこの国の将来のための行動をとったほうがいいのか。

朝日新聞の記者さん、既得権益者を代表してぜひ答えていただきたい。

財政システムの大修繕をするべき！

医療費もさることながら、前にご紹介した大学の授業料の大幅値上げ、整備新幹線の着工など、今の日本の税金の使い道は「無駄だらけ」「非効率だらけ」なのだが、これをただす方法が現在の国のシステムにはないのだ。

税金の支出の仕組みが、あまり複雑にからみ合ってわけがわからなくなっており、誰も全貌《ぜんぼう》を把握《はあく》しているものがいない、状態なのである。

財務省の中枢にいるものでも、税金の全貌を正確に知っているものは、誰もいないのではないかと思われる。

日本は巨額の財政赤字を抱えているが、なぜこんな赤字になっているのか、どことどこに税金が使われているのか、わかっていない状況なのだ。ちょうど、多重債務者が自分が毎月いくら支払いをしているのか正確に把握しておらず、とりあえず次の支払いのことだけしか見えていないのと同じような状況なのである。

この状態を解消するには、大規模な調査団をつくって、**特別会計検査をするしかないの**ではないかと思う。

今の日本の財政状態は戦後80年の**国家システムの勤続（金属）疲労**だともいえる。このあたりで国の会計について、全体を一から調査しなおす必要がある。

それをしないで、増税を繰り返すなどは国民も納得しないだろう。

かつて行われた民主党の事業仕分けのような素人が付け焼刃で行う調査ではなく、ビジネスの第一線で活躍している経営のプロ、会計士などをそれなりの報酬で招聘《しょうへい》し、2〜3年かけてじっくり国の会計全体を洗い直す。

そして、できるだけ詳細情報を公開し、国民からも矛盾点や無駄を指摘できるようにする。超党派で政治家も参加させ、官僚の中からも有志を募《つの》って参加させる。

そのくらいのことをしなければ、日本は確実に衰退するのである。

政治家や官僚、民間のビジネスマンの中にも、「このままじゃ日本の将来は大変なことになる」と思っている人はいるはずだ。そういう人たちをうまく誘い出すのだ（決して既得権を守るための人物が参加しないように）。

また今までも何度かこの手の調査委員会はつくられたが、**キャリア官僚の抵抗により骨抜きにされてきた**。今回はそういうことのないように、官僚に揺さぶられても動じないほどの大きな権限を与えるべきだろう。

日本は今、大きな岐路に立っている。

世界中から富を集め、世界1位を争うほどの経済大国でありながら、若い夫婦が**「二人目の子供が生めない」**のである。そして少なくなったはずの子供をまともに大学にさえ行かせることができない。

こんな経済システム、財政システムは絶対に間違っている。

今、絶対にこれを大改善しなければ、日本は本当に滅亡するはずだ。

そして今の財政システムの失敗の象徴が、消費税なのである。

何度も何度も言うが、消費税の増税など絶対にさせてはならないのだ。

まずは生鮮食料品の消費税率を0％に！

これまで本書では消費税の廃止や富裕税の創設などを訴えてきたが、日本の政治は仕事が遅いので、これらが実現するにはかなりの時間を要すると思われる。

現在の日本の税制において、まず最初に実現すべきは、食料品の消費税率を0％にすることである。

立憲民主党やそのほかの野党などが「消費税5％」ということを目標に掲げているが、消費税5％にするにはかなり時間がかかるだろうし、それほど効果的ではない。

それよりも食料品を0％にするほうが、現実的であり経済効果も大きいのだ。

消費税を5％にすると税収が10兆円以上減るが、食料品を0％にするのは5兆円程度の減収で済む。

収入が低い人にとって食料品が安くなることが一番助かるし、国民のほとんどは食料品の税率がゼロになるほうが減税を実感できるはずだ。

また食料品を0％にすることで、消費税の税率に傾斜がつき、食料品以外のものの消費額が大きい金持ちの税負担率が上がる。つまり消費税の逆進性が緩和されるのである。

前述したように、そもそもほかの国々では消費税の税率に傾斜が設けられている。食料品や生活必需品の税率は0に近い数値に設定され、贅沢品ほど税率が高い。だから消費税の逆進性がなくなり、日本のように「消費税で格差が加速する」ことが起きていないのだ。日本政府も、これについては一応懸念しており、現在、食料品などは軽減税率が設定されているが、わずか2%安くなっているだけである。ほかのものが10%で、食料品等は8%なので、ほとんど変わらない。

ほかのヨーロッパ諸国並みに食料品や生活必需品を0%にすれば、その税率以上に国民には安心感が生じるはずだ。「食料品が安い」ことは、生活の根底の心配が減ることにつながるので、食料品以外のものへの購買意欲も高まるからだ。

もちろん日本の税制や財政には問題が山積しており、それだけのことで解決できるわけではないが、まずはまずは「食料品の税率を0にすること」である。

第7章

財務省の苦しい言い訳

福田昭夫衆議院議員の国会質問より

２０２３年6月9日の国会・財政金融委員会において、立憲民主党の福田昭夫衆議院議員が、約30分にわたり、本書の原著であるブックレット版『消費税という巨大権益』を引き合いに出して財務省を問いただした。

筆者は、立憲民主党の関係者というわけではなく、一度、税制の勉強会に招かれた程度である。国会質問で拙書が引き合いに出されたことについても、事前にまったく連絡はなかった（後で福田昭夫議員から連絡をいただいた）。だから、このことを知ったときには少々驚いた。

もちろん別に拙書が使われたことに異存はないし、質問の中身を見ても本旨を捻じ曲げて解釈されたような部分はなかった。

YouTube「武田邦彦　テレビじゃ言えないホントの話」より

このときの模様はユーチューブにアップされ、長尺の国会動画としては異例の再生回数（2023年7月時点で40万回以上）となった。

この質疑では財務省は苦しい言い訳に終始し、この動画を見た人は誰もが「財務省は信用できない」と思ったはずだ。この最終章では、この質疑の模様を質問項目ごとに書き起こし、筆者の見解等も加えている。項目ごとに分けているので、実際の答弁とは若干、文言が違っている部分もあるが、発言趣旨ははずしていないはずだ。その点、興味のある方はユーチューブなどで確認していただきたい。

財務省は消費税を増税したいのか？

福田議員
今日は元国税調査官、国税局で10年間、主に法人税担当で調査官として勤務していた大村大次郎氏の著書『消費税という巨大権益』についてですね、この中身が本当なのかどうか確認をしていきたいと思っています。
（大村氏によると）消費税を増税したがる人々がいるというんですね。
財務省や財界、大手新聞社など消費税を導入したい人々によって、消費税はけたたましく喧伝されてきた。消費税は国民全体で負担するから公平だ、日本は間接税の割合が低すぎるから増税するならば消費税というような喧伝をしてきたと。

それで日本国民の多くの人が、消費税は必要な税金なのかな思わされてきた、というこ とであります。

消費税を増税したがる人々として財務省も指摘されているんですが、いかがですか?

財務省・住沢整主税局長

消費税につきましては創設以来、国民が広く受益する社会保障の費用をあらゆる世代が広く公平に分かち合うという観点から税率の引き上げ等が行われたところでございます。

消費税の創設やその引き上げに際しましては、政府や与党で議論が行われ国会でもご審議をいただいて可決していただいたものであり、ご指摘はあたらないと考えています。

福田議員

局長、そんな長い答弁はいりません。そう思っていないなら、そう答えればそれでいいですよ。

著者の見解

消費税は間違いなく財務省（旧大蔵省）が主導して創設され、増税されてきたものだが、まあ、財務省としては「政府や国会で議論されて決められたこと」と言うしかないだろう。実際に、政府や国会で議論されて決められたものだから、政府や国会に責任があるのは言うまでもない。

しかし策定作業をしてきた実行部隊であり、政府や国会に議論を持ち掛けてきたのは、間違いなく財務省なのである。政府や国会で議論されてきたからといって、財務省がその責任を逃れられるものではない。

物品税はなぜ廃止されたのか？

福田議員

物品税はなぜ廃止されたのですか。物品税は宝石やブランド品、自動車などの贅沢品に課税する税金で消費税に比べれば格段に効率的で公平な税金だったということで、税務署の職員でさえ、なんでこんないい税金を廃止してしまうんだと大変騒いだそうであります。

財務省・住沢主税局長

当時、物品の間での課税の不均衡や不公平の問題が指摘されており、物品税は個別に列挙された物品にだけ課税される仕組みになっていたので、ブラウン管テレビには課税されるが液晶テレビには課税されない等々の不均衡が生じており、その問題に対応するため、消費一般に広く負担を求める税として消費税が創設されました。

著者の見解

財務省の住沢主税局長は、物品税が廃止された理由として、「課税対象が個別に設定されており、ブラウン管のテレビには課税されるけれど、液晶テレビには課税されないなどの矛盾が生じたので廃止した」と述べているわけだが、筆者としては「ふざけるな！」というところである。

「ブラウン管のテレビに課税され、液晶テレビに課税されていない」という程度の矛盾なら、何の労もなくすぐに改善できるはずだ。液晶テレビを課税項目に加えればいいだけの話ではないか。

消費税の持つ巨大な逆進性、矛盾に比べれば、その程度の矛盾などチリのようなものなのだ。

この財務省の回答こそ、財務省や旧大蔵省がいかに無能であるか、いかに国民のことを考えていないかの証明でもあるのだ。

消費税は本当に福祉財源に充てられているのか？

福田議員
財務省のつくった資料では、消費税は現在、年金、医療、介護、少子化対策に国の分では18兆8000億円超充てられており、まだ13兆8000億円足りないと書いてある。が、お金に色はついていないのに、なぜ消費税が社会福祉に充てられていると証明できるのですか？

財務省・中村英正主計局次長
消費税法第1章第2項に、消費税は社会保障4経費（年金、医療、介護、少子高齢化）に充てられることが明記されています。予算総則にも同じようなことが書かれています。
消費税が社会保障に充てられているということを国民に説明をするのは大事なので説明を尽くしていきたいと思います。

福田議員
証明しようがないじゃないか、お金に色はついていないので（消費税が社会保障に使われたのか）。そういうウソをついてはダメですよ。

著者の見解

消費税が創設され、消費税の税収が上がると、それとほぼリンクして所得税、法人税が下げられてきた。それは、各税金の税収推移を見れば一目瞭然である。建前上は、消費税は福祉財源に充てられることになっているが、数理的に見れば間違いなく、消費税は、所得税と法人税の減税財源に充てられているのだ。

そして所得税と法人税の減税対象となったのは、富裕層と大企業なのである。これも各階層の税負担率の推移を見れば一目瞭然なのだ。

「社会保障費が財政を圧迫してきた」というウソ

福田議員

財務省は、社会保障費が日本の財政が圧迫したと言っているが、日本の財政は90年代初頭まで非常に安定していた。当時は財政赤字も１００兆円を下回っていた。しかしバブル崩壊以降、90年代にわたって６３０兆円の公共事業を行なった。それが財政を圧迫してきた理由ではないか？

財務省・中村主計局次長

社会保障費が財政を圧迫しているのかという点について、委員ご指摘の通り１９９０年代に公共事業関係費が歳出の主な増加要因だったことは事実でございます。他方、90年代以降、足元までの累計で見ますと、社会保障費は歳出の主たる増加要因でございました。

著者の見解

財務省は、90年代には公共事業関係費が歳出の増加要因だったと認めているわけで、日本の財政赤字が急激に増加したのは、90年代なのだ。90年代に国債をバンバン発行して６３０兆円の公共事業を行っていたのだから、現在の１０００兆円の国の借金の主たる要因はそれだということになるはずだ。

昨今、社会保障費が増えたのは間違いないが、それが国の財政を圧迫する主要因であることはまったくないのである。

「日本の法人税、所得税は世界的に高い」というウソ

福田議員

消費税が創設されてから法人税と所得税はどんどん下げられた。こういうふうに下げていったということが日本の財政を圧迫させたという認識はありますか？

財務省・住沢主税局長

まず所得税について申し上げますと、年収が5000万円を超えるような高所得者で比較してみますと、我が国の個人所得課税の実効税率はアメリカ、イギリス、フランス、ドイツといった国々よりも高い水準となっているのが実態でございます。

また法人税につきましては成長志向の法人税改革ということで課税ベースの拡大を行いながら税率を引き下げてまいりましたが、現在主要先進国の中ではドイツと並んで、比較的高い部類に入っているということでギリギリこの国際的にそん色ない水準になっていると認識いたしております。

福田議員

それはあくまでも表面税率じゃないですか。

大村君が言っておりますよ。個人所得税の実質負担率は日本はなんと7・2%、アメリカは12・2%、イギリス13・5%、ドイツ12・6%、フランス10・2%と主要国の中で断トツ（に低い）だと、こう指摘していますよ。

それから法人税も、日本の法人税は名目上23・2%でありますが、事実上は17%程度だと（大村氏は）こういっております。

表面税率だけを比較して世界的に比べて高いとかいうことは理由にならないと思っています。

令和3年度の決算では法人所得は実は租税特別措置とか子会社の益金不算入とかそういうことを除けば、なんと法人の所得は全体として99兆円もある。それからマイナス24兆円をして課税している。だから高いなんてのはまったくのウソです。

著者の見解

福田議員の「財務省の回答は表面上の税率を言っているだけで、実態は違うじゃないか」という発言について、財務省側の回答はなかった。回答がない、ということが、この質問への本当の答えだといえるだろう。財務省は回答ができないのである。

日本は、富裕層や大企業の税金が安く、大衆課税である消費税でその穴埋めを行っている、それを財務省は暗に認めたようなものなのである。

なぜ消費税の多額の輸出還付金は公表されないのか

福田議員

令和5年度の予算額を見ていただきますと、国と地方の消費税の収納見込み額はなんと40兆6703億円であります。還付見込み額は10兆6981億円であります。実に還付金は26・3%に上ります。

これは誰にとってうれしいことなのか、悲しいことなのか、みなさんよく判断してみてください。

財務省はこれを世界標準だとばかり答えて、実は総額さえ平成元年から公表しておりません。なにかやましいことが、あるのではないかと疑わざるをえません。

大村氏によれば輸出大企業は仕入れ税額を実際には仕入れ先に支払っていないのではないのかと、こう言っております。輸出還付金を支払っていないのに受け取っているのではないかとこう指摘しておりますが、これが本当ならこれ犯罪ですよ。大村君が言っております。こういうことはないんですか。

財務省・住沢主税局長
　消費税の輸出還付でございますが、消費税は売上にかかる消費税額から仕入れにかかる消費税額を引くということでございまして仕入れの税額が超過する場合に還付が起こるわけでございますが、その原因が輸出取引なのかあるいは単に設備投資を行って還付が生じたのかということは区分して経理を行うような制度になってございませんので、公表はしていないということでございます。

福田議員
　輸出大企業が仕入れるときには消費税をちゃんと払っているか払ってないか、払っていないのであれば払っていない、あるいは払っているなら払っていると言ってくれればいいんですよ。それだけの話ですよ。なんでそんな難しいことを言うんですか。

著者の見解

「輸出取引による還付と、設備投資による還付が区分して経理されていないから実態がわからない」というのは、明らかな詭弁である。輸出取引で消費税が還付される場合、輸出の証明書を提出しなければならないので、それを集計すればいいだけの話である。もし、それも行っていないのであれば、とんでもない怠慢である。

輸出取引における還付額の正確な数字さえわかっていないのであれば、税制に携わる資格などないはずだ。住沢主税局長に問いたい、「本当に輸出還付額を知らないのか」と。

もちろん、財務省は「輸出による消費税の還付額」は把握しているはずだ。これを公表しないのは、その額があまりに大きく、「輸出企業を優遇している」という世間の批判が起きるからだろう。つまり、都合の悪い情報だから公開していないということだ。

いずれにしろ、犯罪級の所業である。

消費税は少子高齢化の原因か

福田議員

（大村氏の著書によれば）消費税は少子高齢化の一因にもなっている。消費税は消費が多い世帯ほど負担が収入における負担割合が大きくなる、それは子育てをしている世帯と言える。子育て世代は児童手当を支給されているけれども、児童手当を受けている子供は税金の扶養控除を受けられないので差し引きマイナスになってしまう。

これは本当かどうかお答えください。

財務省・住沢主税局長
消費税は社会保障給付という形で家計に還元されておりますので、負担の面だけに着目して経済への影響を論じることは適切でないと考えております。
児童手当と扶養控除の関係ですが、控除から手当という考え方のもと中学生までの年少扶養控除を廃止しまして児童手当の拡充が行われたわけでございます。ただし多くの子育て世帯におきましては適用される税率が10%以下というのが現状でございますので、実際上は児童手当をもらえる額のほうが年少扶養控除が廃止された効果よりも大きいというのが実情でございます。

福田議員
ではこれは大村君の指摘が違っているということですかね。後でよく確認させていただきます。

著者の見解
筆者は、本書の中で単純に「児童手当の創設」と「扶養控除の廃止」を比較して、「扶養控除の廃止」のほうが損であると述べているわけではない。子育て世代は消費税の負担が大きい上に扶養控除の廃止されたので、児童手当でもらえる額よりも、はるかに大きな負担増になっているいると述べているのだ。

また住沢主税局長は、「子育て世代はいろんな社会給付を受けているので、受益のほうが大きい」と言いたいようだが、それも詭弁である。

下のデータは、先進主要国の家族関係の社会支出のGDP比である。家族関係社会支出とは児童手当や就学前児童への給付、各種社会保障、社会福祉などへの支出のことだ。

これを見ると、日本はヨーロッパ主要国に比べて、かなり低いことがわかるはずだ。自由競争の国アメリカよりは高いが、ヨーロッパ諸国と比べれば、ほぼ半額以下である。

世界でもっとも子育てにお金を使わなければならない日本で、GDP比ではヨーロッパ諸国の半分しか予算が投じられていないのである。

前述したように国公立大学の授業料なども高騰しており、日本の子育て支援は非常にお粗末なものなのだ。

日本は、世界一のレベルで少子高齢化が進ん

先進主要国の
家族関係社会支出(GDP比)

日本	1.29%
アメリカ	0.65%
ドイツ	2.28%
フランス	2.96%
スウェーデン	3.54%
イギリス	3.57%

出典:国立社会保障・人口問題研究所「社会費用統計」2016年版

であり、少子高齢化対策を行わなければならないはずで、何を差し置いても少子化対策に力を入れなければならないはずだ。住沢主税局長には、このデータを見た上でも、「子育て世代は社会給付が大きい」と言えるのか問いたいものである。

そして日本が子育て支援をまともに行っていないため、子供の貧困化は先進国で最悪の状態になっている。

下の表は、OECD34か国における子供の相対的貧困率である。相対的貧困率というのは、その国民の平均所得の半分以下しか収入を得ていない人たちの割合である。

この子供の相対的貧困率が、日本はOECD34か国中ワースト10位に入っているのだ。

このデータは「相対的貧困率」とは言うものの、日本は現在、先進国の中で平均所得は低いほうである。そのため、この数値が高いということは「子供の絶対的な貧困者の割合」もそれだけ多いということになる。

OECDにおける子供の相対的貧困率（34カ国中）

1位	イスラエル
2位	トルコ
3位	メキシコ
4位	チリ
5位	アメリカ
6位	スペイン
7位	イタリア
8位	ギリシャ
9位	ポルトガル
10位	日本
19位	フランス
23位	イギリス
24位	韓国

（出典　2014 OECD FAMILY DATABASE
厚生労働省「平成26年子供若者白書・第3節
子どもの貧困」より）

これらのデータを見れば、「消費税は子育て世代に恩恵をもたらしている」「子育て世代は社会給付が大きい」などとは口が裂けても言えないはずだが、住沢主税局長の見解を伺いたいものである。

財務省は消費税を19%にするつもりなのか?

福田議員

(大村氏の著書によると)消費税19%が財務省の野望ということであります。

大村氏は、「本当に視野の狭い思慮の浅い財務官僚なのだが、こともあろうに今後消費税をOECDにまで勧告させて19%まで上げたいと考えている」と述べているが、これは本当ですか?

住沢主税局長

消費税率についてのご質問ですが、将来の消費税のあり方につきましては総理が当面触れることはないとおっしゃっているように現時点で政府としても財務省としても具体的な検討を行っていることはございません。

著者の見解

本来、政府や国会議員は増税をしたがらない。増税をすれば国民の支持が下がるからだ。にもかかわらず、政府が消費税を創設し増税してきたのは、財務省がしつこくしつこく提言してきたからである。予算策定や国会運営には財務省の協力が必要なので、政府や国会議員は、財務省に根負けし消費税をつくったのである。

今の政権も支持率を下げたくないので、「消費税については触らない」と明言しているのだ。しかし財務省が消費税を上げたがっているのは公然の秘密である。それはこれまでの経緯を見れば、明々白々のことだ。

「財務省としても具体的な検討を行っていることはございません」

などと、よく平然と言えるものだと思う。自分の「人間性のスイッチ」を切らないと、こんなことを言えるものではないだろう。

消費税と天下りの関係

福田議員

財務省もキャリア官僚も消費税の利権を持っている、消費税推進のラスボスは政治家ではない、財務省のキャリア官僚である。キャリア官僚が消費税の増税で利益を得るというのは（消費税増税が）彼らの天下り先に利するということ。天下り先が潤うことで財務省のキャリア官僚たちは間接的に実利を得ることができる。キャリア官僚のほとんどは退職後、日本の超一流企業に天下っている。キャリア官僚たちは将来必ず大企業の厄介になる。そのため大企業に利するのは結局自分たちに利することなのである、と大村氏は指摘をしております。

この天下りについて立憲民主党が各省庁に調査を依頼しておりますので、その結果を待ちたいと思っております。

財務省　青木孝徳大臣官房長

国家公務員法で厳格な再就職規制が設けられています。

第三者機関である再就職等監視委員会がこれらの規制の遵守状況を監視しております。財務省では国家公務員法に基づく再就職規制にのっとり適切に対応しているもの承知しております。

著者の見解

どんな規制やルールがあろうと、財務省のキャリア官僚たちは退職後、こぞって一流企業に天下りをしているという歴然たる事実がある。そして天下りは、官民の癒着を招き、日本の財政や経済政策を大きく歪める。日本が衰退し、少子高齢化が加速し、格差社会となったのも、せんじ詰めればキャリア官僚の天下りが主原因といえるのだ。

この答弁を見れば財務省のキャリア官僚は、この天下りについて反省などはまったくなく、改善する気もまったくないということである。つまり現在の官僚制度は、完全にたたき壊さなければ日本の再生はあり得ないということである。

財務省の持つ巨大な国家権力

福田議員

財務省は予算権と徴税権、国税庁を従えて徴税権を持っている、これでは国民も企業も財務省の言うことを聞くことになると、こういうことを（大村氏は）指摘しております。消費税は財務省の権力維持のための安定財源だということであります。お金を持っているから周りの人が言うことを聞く。だから安定的な税収の確保は財務官僚にとって至上命題になっている、財務省が強力に消費税を推奨してきた理由もここにあると（大村氏は）指摘しています。これは本当かということであります。

財務省・青木大臣官房長

予算及び税制につきましては財政民主主義および租税法律主義に基づきまして国会でのご審議、ご承認をいただいております。また国の信用を守り希望ある社会を次世代に引き継ぐという組織理念のもと国民納税者の視点に立って日々職務にあたっておるところでございます。

著者の見解

日本の財務省は、予算権だけではなく、事実上、徴税権や金融監督権をも持っている。これは省庁として世界に例をみないほどの巨大な権力である。本当は、予算を策定するのは国会の仕事だが、財務省は現場を取り仕切る者として、事実上「予算権」を握ってしまい、同様に徴税権、金融監督権も握ってしまった。

権力が肥大化すれば必ず腐敗する、そのため近代世界では権力を分散することで、その弊害を防ごうとしてきた。

現在の日本の財務省は、明らかに時代に逆行している存在である。これほど権力が肥大化してしまえば、腐敗しないはずはないのだ。

青木大臣官房長によると財務省は「国の信用を守り希望ある社会を次世代に引き継ぐと

いう組織理念」を持っているそうだが、青木大臣官房長にはぜひ「ＯＥＣＤ各国の子供の貧困率グラフ」を掲げた上で、同様の文言を吐いていただきたいものである。

住沢国税庁長官への手紙

この6月9日の国会・財政金融委員会で、財務省側で主に答弁を行っていた住沢主税局長は、一か月後の人事異動で、めでたく国税庁長官に栄転されている。

彼の官僚生活は、日本の「失われた30年」とほぼリンクしている。国民生活がどんどん苦しくなる中で、住沢氏はどんどん出世していったのだ。つまり国民を犠牲にして、出世してきたわけである。

筆者はこの住沢国税庁長官に手紙を書きたいと思っている。そして、ここにその文面を載せたい。いわば公開書簡である。

この書簡については、大拡散希望である。ＳＮＳ等で拡散していただければ、大変ありがたい。

住沢整国税庁長官殿

私は元国税局職員で、現在はフリーライターをしている大村大次郎と申します。

このたびは、国税庁長官就任おめでとうございます。

東京大学からキャリア官僚として大蔵省に入省し、同期のライバルたちとの競争に勝ち抜き、ようやく手に入れた国税庁長官のポスト、さぞやお喜びのことと思います。

しかし、あなたが入省してから現在までの30数年間、日本の国民にとっては「失われた時代」です。世界最悪レベルでの少子高齢化、先進国最悪の貧富の格差、自殺の激増等々、日本は急激に衰退しています。イーロン・マスク氏の危惧するように、日本は消滅の危機とさえ言える状態になっています。

財務省は、予算権だけではなく、徴税権も持ち、さらに経済のカナメである金融を監督する権利も持つという世界的にも稀有な強大な国家権力組織です。

この30数年の日本の衰退に関して、財務省は大きな責任を負っているはずです。

住沢国税庁長官はいかがお考えでしょうか？

どうやってこの責任をとるおつもりでしょうか？

あなたは国税庁長官にまで上り詰めたのですから、財務省の業務に大きく関与したことは間違いないはずです。財務省の失態について、あなたは責任をとる必要があると思われます。

あなたの今回の国税庁長官への栄転は、日本国民を犠牲にし、若者の未来を奪うことで得られたものなのです。

世界的にも巨額な国家予算を使っていながら、途上国並みのインフラしか整備されておらず世界最悪の災害国家。深刻な少子高齢化でありながら子育てへの財政支出はヨーロッパ諸国の半分しかない。富裕層や大企業の負担はどんどん安くなり、その代わり国民全体に重い重い負担を押し付けてきた。

あなたたちの行った悪行は数知れません。

そして、あなたたちの悪行の象徴が「消費税」ではありませんか?

財務省は、事実上、予算権、徴税権、金融監督権までも持つという、民主国家では類を見ないような巨大な権力を持つ省庁です。その財務省は、わずか数百人のキャリア官僚によって支配されています。こんな異常な官僚システムの国はほかにありません。

そして当然のごとく、わずか数百人の財務省キャリア官僚は、大企業の天下りなどの大きな権益を握っています。絵にかいたような「国家腐敗の構図」です。

住沢国税庁長官、この「国家腐敗の構図」こそ、日本が衰退している最大の原因だと思いませんか?

あなたたちは、自分たちの天下り先を確保するために、大企業や富裕層を優遇し、一般国民に大きな負担を押し付けてきました。その最たるものが消費税です。

国税庁長官としてではなく、ひとりの人間としてあなたの良心に問いたい。

消費税がこのままの状態で存在し続けていいと思いますか？

財務省がこのままの状態で存在し続けていいと思いますか？


このままの税制、このままの官僚システムである限り、日本の衰退は免れません。

でも、これ以上、格差が拡大し、国民生活が疲弊するようになれば国民も黙ってはいませんよ。すでに「どうやら元凶は財務省」という雰囲気はすでに形成されつつあります。


また中央省庁の幹部候補である国家公務員試験の受験者も、減り続けています。

「中央省庁に未来はない」と、若者からノーを突き付けられつつあるのです。

今後、あなたがたの持つ巨大な権益などさまざまな事実が明らかになるにつれて、国民は徹底的に財務省キャリア官僚を糾弾することになると思います。

その前に自分たちの手で巨大な権益を手放すことを強く強くお勧めします。

大村大次郎

増補改訂版　あとがき　誰に消費税を支払わせるというのか

税金を決める際に、重要なファクターとして**「担税力」**というものがある。税金を払えるだけの資力があるかどうかというものである。そして欧米では、**担税力があるものにしか税金はかけない**のが大原則である（欧米の税制にも欠陥は多々あるが、少なくとも日本よりは全然マシなのである）。この「担税力」は、日本の税制では、なぜかまったく考慮されない。名目上の税率や、直間比率など、欧米諸国がほとんど顧みない、どうでもいいファクターばかりが重要視されるのだ。

この担税力という観点で見たとき、今の日本で誰に税負担を求めるべきか？

この30年賃金が下がり続け、社会保険料などの負担は激増し、二人目の子供を断念しなければならない「一般庶民」が、これ以上の「担税力」を持っているのか？

それとも名目上の税率は高いが、実際には抜け穴ばかりで、世界一の内部留保金を貯め込んでいる企業、世界一の貯蓄をしている富裕層が担税力を持っているのか？

50年前に予想されていた少子高齢化社会という危機は、何の改善策も行われず、予想された通りに現実化してきている。しかも50年前には予想されていなかった「貧富の格差」という悪材料まで加味されているのだ。**日本はこのままいけば老人ばかりの地獄のような社会になる**ことが予想されている。

まえがきでも触れたが、本書は2019年に発刊したブックレット「消費税という巨大権益」を増補改訂して単行本化したものである。2019年当時と比べて日本社会の状況はさらに悪化している。大企業業績は絶好調、富裕層の資産も激増しているのに、国民全体の生活はますます疲弊し、少子高齢化はさらに加速し、貧富の格差も拡大している。今の日本はまさに沈みかけた船なのである。

大企業の幹部や富裕層の方々に肝に銘じてもらいたいのは、この船が沈めばあなた方も沈むということ。そして船が沈んだとき、もっとも多くのものを失うのは、もっとも多くのモノを持っている人たち、そうあなたたちなのだ。

最後に、ビジネス社の唐津氏をはじめ本書の制作に尽力をいただいた方々に、御礼を申し上げます。

2023年8月

著者

【著者略歴】
大村　大次郎（おおむら・おおじろう）
大阪府出身。元国税調査官。国税局で10年間、主に法人税担当調査官として勤務し、退職後、経営コンサルタント、フリーライターとなる。執筆、ラジオ出演、フジテレビ「マルサ!!」の監修など幅広く活躍中。主な著書に『完全図解版税務署対策最強マニュアル』『宗教とお金の世界史』『金持ちに学ぶ税金の逃れ方』『18歳からのお金の教科書』『改訂版税金を払う奴はバカ！』『完全図解版あなたの収入が3割増える給与のカラクリ』『億万長者は税金を払わない』『完全図解版相続税を払う奴はバカ！』『完全図解版税務署員だけのヒミツの節税術』『完全図解版あらゆる領収書は経費で落とせる』（以上、ビジネス社）、『「金持ち社長」に学ぶ禁断の蓄財術』『あらゆる領収書は経費で落とせる』(以上、中公新書ラクレ)、『会社の税金元国税調査官のウラ技』）（技術評論社）、『おひとりさまの老後対策』（小学館新書）、『税務署・税理士は教えてくれない「相続税」超基本』（KADOKAWA）など多数。

増補改訂版　消費税という巨大権益

2023年9月13日　第1刷発行

著　者　大村　大次郎
発行者　唐津　隆
発行所　株式会社ビジネス社
〒162－0805　東京都新宿区矢来町114番地　神楽坂高橋ビル5F
電話　03－5227－1602　FAX 03－5227－1603
URL　https://www.business-sha.co.jp/

〈カバーデザイン〉中村聡
〈本文DTP〉茂呂田　剛（エムアンドケイ）
〈印刷・製本〉モリモト印刷株式会社
〈編集担当〉本田朋子　〈営業担当〉山口健志

ISBN978-4-8284-2549-8